Grundwissen Schuldrecht BT II

Hemmer/Wüst

Januar 2013

Hemmer/Wüst Verlagsgesellschaft

Hemmer/Wüst/d'Alquen, Grundwissen Schuldrecht BT II

ISBN 978-3-86193-194-2

5. Auflage, Januar 2013

gedruckt auf chlorfrei gebleichtem Papier
von Schleunungdruck GmbH, Marktheidenfeld

Inhaltsverzeichnis: Die Zahlen beziehen sich auf die Seiten des Skripts.

Vorwort

Das vorliegende Skript ist für Studenten in den ersten Semestern gedacht. Gerade in dieser Phase ist es sinnvoll, bei der Wahl der Lernmaterialien den richtigen Weg einzuschlagen. Auch in den späteren Semestern sollte man in den grundsätzlichen Problemfeldern sicher sein. Die „essentials“ sollte jeder kennen.

In diesem Theorieband wird Ihnen das notwendige Grundwissen vermittelt. Vor der Anwendung steht das Verstehen. Leicht verständlich und kurz werden die wichtigsten Rechtsinstitute vorgestellt und erklärt. So erhält man den notwendigen Überblick. Klausurtipps, Formulierungshilfen und methodische Anleitungen helfen Ihnen dabei, das erworbene Wissen in die Praxis umzusetzen.

Das Skript wird durch den jeweiligen Band unserer Reihe „die wichtigsten Fälle“ ergänzt. So wird die Falllösung trainiert. Häufig sind Vorlesungen und Bücher zu abstrakt. Das Wissen wird häufig isoliert und ohne Zusammenhang vermittelt. Die Anwendung wird nicht erlernt. Nur ein Lernen am konkreten Fall führt sicher zum Erfolg. Daher empfehlen wir parallel zu diesem Skript gleich eine Einübung des Gelernten anhand der Fallsammlung. Auf diese Fälle wird jeweils verwiesen. So ergänzen sich deduktives (Theorieband) und induktives Lernen (Fallsammlung). Das Skript Grundwissen und die entsprechende Fallsammlung bilden so ein ideales Lernsystem und damit eine Einheit.

Profitieren Sie von der über 35-jährigen Erfahrung des Juristischen Repetitoriums hemmer im Umgang mit juristischen Prüfungen. Unser Beruf ist es, alle klausurrelevanten Inhalte zusammen zu tragen und verständlich aufzubereiten. Die typischen Prüfungsinhalte wiederholen sich. Wir vermitteln Ihnen das, worauf es in der Prüfung ankommt – verständlich – knapp – präzise. Erfahrene Repetitoren schreiben für Sie die Skripten. Das know-how der Repetitoren hinsichtlich Inhalt, Aufbereitung und Vermittlung von juristischem Wissen fließt in sämtliche Skripten des Verlages ein. Lernen Sie mit den Profis!

Sie werden feststellen: Jura von Anfang an richtig gelernt, reduziert den Arbeitsaufwand und macht damit letztlich mehr Spaß.

Wir hoffen, Ihnen den Einstieg in das juristische Denken mit dem vorliegenden Skript zu erleichtern und würden uns freuen, Sie auf Ihrem Weg zu Ihrem Staatsexamen auch weiterhin begleiten zu dürfen.

Karl-Edmund Hemmer & Achim Wüst

§ 1 Geschäftsführung ohne Auftrag

A. Überblick über die GoA

I. Begriff und Regelungsgehalt

GoA = Geschäftsführung ohne Auftrag

Die §§ 677 ff. BGB regeln die Fälle, in denen jemand, der Geschäftsführer (GF), eine Tätigkeit für einen anderen, den Geschäftsherrn (GH), übernimmt, ohne von diesem beauftragt oder sonst ihm gegenüber dazu berechtigt zu sein. 1

Das Gesetz will dabei grundsätzlich verhindern, dass sich jemand ungebeten in fremde Angelegenheiten einmischt (unberechtigte GoA und Eigengeschäftsführung). Wenn das Handeln aber dem Willen des Betroffenen entspricht, normiert das Gesetz vertragsähnliche Rechtsfolgen, §§ 683 S.1, 670 BGB.

II. Rechtsnatur

gesetzliches Schuldverhältnis

Sind die Voraussetzungen der GoA erfüllt, so entsteht ein gesetzliches Schuldverhältnis, das einen interessengerechten Ausgleich zwischen GF und GH ermöglichen soll. Die Regelungen der GoA regeln immer nur das Innenverhältnis zwischen GF und GH. Dabei sind die Regelungen für die berechtigte GoA weitgehend dem Auftragsrecht nachgebildet (vgl. § 681 S. 2 BGB, § 683 S. 1 BGB). 2

keine WE notwendig

Das Schuldverhältnis der GoA entsteht nicht durch rechtsgeschäftliche Willenserklärung, sondern durch den *tatsächlichen* Akt der Geschäftsübernahme.

III. Überblick

Zu unterscheiden sind in den §§ 677 ff. BGB vier Situationen: Die berechtigte bzw. unberechtigte „echte" GoA sowie die irrtümliche oder bewusste Eigengeschäftsführung („unechte" GoA). 3

echte GoA

Die ***echte* GoA** ist geregelt in §§ 677-686 BGB. Sie setzt voraus, dass der GF den Willen hat, ein Geschäft für *einen anderen* zu führen (Fremdgeschäftführungswille), § 677 BGB. 4

Dabei kann die GoA dem Willen bzw. dem Interesse des GH entsprechen (berechtigte GoA) oder nicht (unberechtigte GoA), § 683 BGB. Die Unterscheidung ist wegen der unterschiedlichen Rechtsfolgen von Bedeutung.[1]

Bei der *berechtigten* GoA ist der GF privilegiert.

Während bspw. bei der berechtigten GoA der GF Aufwendungsersatz verlangen kann (§§ 683 S. 1, 670 BGB), wird für die unberechtigte GoA auf das Bereicherungsrecht verwiesen (§§ 684 S. 1, 818 BGB; Achtung: Gefahr der Entreicherung, § 818 III BGB). Zudem besteht eine verschärfte Haftung des GF gem. § 678 BGB.

unechte GoA = Eigengeschäftsführung

Bei der ***unechten* GoA** (Eigengeschäftsführung), geregelt in 5
§ 687 BGB, fehlt der Fremdgeschäftführungswille. Für den Fall der irrtümlichen Annahme eines eigenen Geschäfts sind die Regelungen der §§ 677 ff. BGB komplett ausgeschlossen, vgl. § 687 I BGB. Wusste der GF, dass es sich um ein fremdes Geschäft handelte (Geschäftsanmaßung), so stehen dem GH neben den allgemeinen Ansprüchen auch solche aus GoA zu, § 687 II BGB.[2]

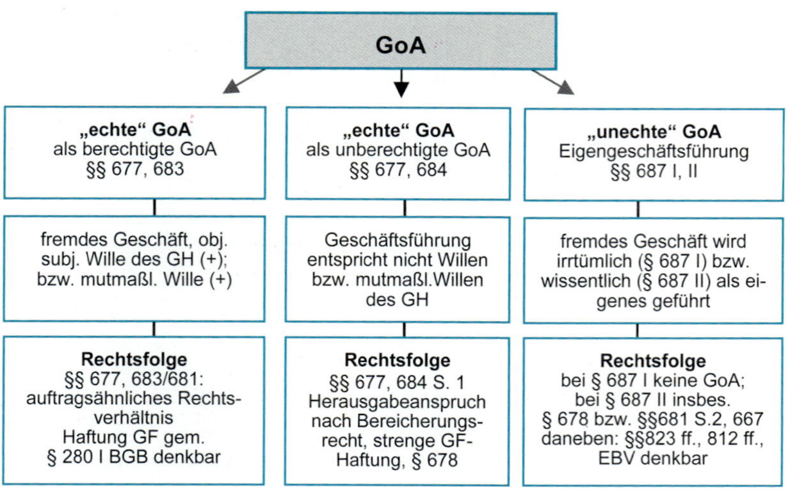

[1] Die Abgrenzung berechtigte GoA – unberechtigte GoA richtet sich grds. also nach dem Willen des Geschäftsherrn (Ausnahme § 679 BGB).

[2] Die Abgrenzung echte GoA – unechte GoA richtet sich also nach dem Fremgeschäftsführungswillen.

B. Voraussetzungen der GoA

Die echte GoA hat immer drei grundlegende Voraussetzungen: Besorgung eines fremden Geschäfts, Fremdgeschäftsführungswille und Fehlen eines Auftrags oder sonstiger Berechtigung. Als viertes ist zu prüfen, ob eine berechtigte oder unberechtigte GoA vorliegt.

Prüfungsschema für die GoA

⇨ Besorgung eines fremden Geschäfts

⇨ Fremdgeschäftsführungswille

⇨ Ohne Auftrag oder sonstige Berechtigung

⇨ Berechtigung, § 683 S.1 BGB

I. Besorgung eines fremden Geschäfts

1. Führen eines Geschäfts

Geschäft

Geschäft i.S.d. § 677 BGB ist jedes rechtsgeschäftliche oder tatsächliche Handeln mit wirtschaftlichen Folgen. Nicht erfasst sind bloßes Unterlassen und Dulden. 6

geschäftsunfähiger/beschränkt geschäftsfähiger GF

GF kann auch ein Geschäftsunfähiger oder beschränkt Geschäftsfähiger sein (s. § 682 BGB). Diese werden durch § 682 BGB vor Nachteilen geschützt (Haftung nur nach §§ 812 ff., 823 ff. BGB).

Zum Teil wird vertreten, die Wirksamkeit der Geschäftsübernahme richte sich nach den §§ 104 ff. BGB (weil geschäftsähnliche Handlung) und sei daher dem Geschäftsunfähigen unmöglich und dem beschränkt Geschäftsfähigen nur bei Zustimmung des gesetzlichen Vertreters. Dies steht jedoch im Widerspruch zu § 682 BGB. Wegen des umfassenden Schutzes im Innenverhältnis (§ 682 BGB) und Außenverhältnis (bei Rechtsgeschäften bspw. § 105 II und § 179 III 2 BGB) besteht kein weiterer Korrekturbedarf. Zudem würde dies die Ausgleichsansprüche eines solchen GF unnötig erschweren oder gar vereiteln.

Anmerkung: Vgl. zum Problemkreis des minderjährigen GF Hemmer/Wüst, Die 42 wichtigsten Fälle zur GoA und zum Bereicherungsrecht, Fall 8.

2. Fremdes Geschäft

fremdes Geschäft

Der GF muss ein fremdes Geschäft besorgen. Das Geschäft muss (zumindest auch) dem Rechts- und Interessenkreis eines anderen angehören.

a) Objektiv fremdes Geschäft

objektiv fremd

Ein objektiv fremdes Geschäft gehört schon nach seinem äußeren Erscheinungsbild nicht zum Rechts- und Interessenkreis des GF, sondern zu dem des GH. 7

> ***Bspe.:*** *Verträge (bspw. Verkauf/Vermietung oder Verfügung) über eine Sache sind grundsätzlich Sache des Eigentümers (vgl. dazu Fall 1 in Hemmer/Wüst, Die 42 wichtigsten Fälle zur GoA und zum Bereicherungsrecht).*
>
> *Bezahlung von Schulden ist Sache des jeweiligen Schuldners (Ein klassischer „Schulden-Fall“: Hemmer/Wüst, Die 42 wichtigsten Fälle zur GoA und zum Bereicherungsrecht Fall 34).*
>
> *Hilfeleistung und Gefahrenabwehr für einen Dritten, bspw. einen Verletzten, fällt in dessen Interessenkreis.*

b) „Auch-fremdes“ Geschäft

auch-fremd

Ein fremdes Geschäft liegt auch dann vor, wenn die Geschäftsübernahme nicht nur in fremdem Interesse liegt, sondern zugleich auch im Interesse des GF (auch-fremdes Geschäft). 8

> ***Bsp.:*** *GF lässt das Fahrzeug des GH wegschleppen, das nach einen Unfall auf GFs Grundstück liegt, denn es droht Öl auszulaufen. Das Geschäft erfüllt einerseits die Verpflichtung des GH, sein Fahrzeug zu entfernen, andererseits dient es dem Interesse des GF an der Erhaltung seines Grundstücks.* 8a
>
> *Oder problematischer: Aufgrund eines Werkvertrages gegenüber der Polizei schleppt GF das Auto des GH ab. Das Abschleppen liegt einerseits im Verantwortungsbereich des GH (Beseitigung eines verbotswidrigen Zustandes) und zugleich im Interesse des GF (Erfüllung des Vertrages). Dazu unten mehr.* 8b

Vorsicht beim „Ausweichen im Straßenverkehr“: Fahrer GF weicht dem Radfahrer GH aus, wodurch sein Auto Schaden erleidet. Ein Geschäft des GH soll nur vorliegen, wenn GF selbst nicht für den Schaden haftet. 8c

Dabei ist die Gefährdungshaftung nach § 7 I StVG zu beachten, die nur bei höherer Gewalt ausgeschlossen ist. (Vgl. Hemmer/Wüst, Die 42 wichtigsten Fälle zur GoA und zum Bereicherungsrecht Fall 4).

hemmer-Methode: Machen Sie bereits in diesem Punkt die doppelte Interessenlage des auch-fremden Geschäfts argumentativ klar. Weitere Probleme ergeben sich dann oft im Merkmal des Fremdgeschäftsführungswillens.

Verpflichtung mehrerer – Innnenausgleich und GoA

Achtung: Ein auch-fremdes Geschäft scheint in der Situation der Zahlung eines Schuldners im Rahmen einer Gesamtschuld vorzuliegen. Doch zahlt ein Gesamtschuldner auf die Forderung, so wird diese nicht getilgt, sondern geht auf den Zahlenden über (§ 426 II BGB). Somit wird schon gar kein Geschäft *des anderen* Schuldners getätigt. Vergleichbares gilt, wenn bspw. die Unterhaltspflichtigen Eltern die Arztkosten für das verletzte Kind bezahlen. Der Schädiger wird dadurch nicht entlastet, da keine Vorteilsanrechnung erfolgt (§ 843 IV). Ausgleich ist in diesem Fall analog § 255 BGB zu suchen, d.h. die Eltern können vom Kind Abtretung seines Schadensersatzanspruchs verlangen. 9

c) Subjektiv fremdes Geschäft

subjektiv fremd

Ist ein Geschäft vom äußeren Erscheinungsbild her neutral, wird es zu einem fremden Geschäft, wenn die nach außen tretende Absicht des GF besteht, das Geschäft für einen anderen zu führen, also ein Fremdgeschäftsführungswille erkennbar ist. 10

Der Erwerb einer Sache ist für sich gesehen neutral. Erst durch den Willen, für einen anderen zu erwerben, wird er zum fremden Geschäft. Dies ist bspw. der Fall, wenn GF ein Sammlerstück für GH erwirbt und dabei nicht für sich selbst erwirbt, weil er selbst kein Sammler ist.

hemmer-Methode: Beim subjektiv fremden Geschäft müssen also die Besorgung eines fremden Geschäfts und der Fremdgeschäftsführungswille zusammen geprüft werden. Für objektiv (auch-)fremde Geschäfte ist eine Untergliederung aber sinnvoll.

II. Fremdgeschäftsführungswille

Das Vorliegen eines Fremdgeschäftsführungswillens grenzt die echte GoA von der unechten ab.

Fremdgeschäftsführungswille

Ein Fremdgeschäftsführungswille erfordert erstens das Bewusstsein, ein fremdes Geschäft zu führen (sonst irrtümliche Eigengeschäftsführung, § 687 I BGB) sowie zweitens den Willen, das Geschäft für einen anderen zu führen (sonst angemaßte Eigengeschäftsführung, § 687 II BGB).[3] Dabei ist unerheblich, ob der GF die Person des GH kennt, § 686 BGB. 11

Die Prüfung des Fremdgeschäftsführungswillens hängt von der Art des Geschäftes ab.

1. Objektiv fremdes Geschäft

Vermutung bei objektiv fremden Geschäft

Hier werden das Bewusstsein und der Wille, ein fremdes Geschäft zu führen, (widerleglich) vermutet. Nur bei besonderen Anhaltspunkten im Sachverhalt kann der Fremdgeschäftsführungswille verneint werden. 12

Veräußert ein Dieb die gestohlene Sache, so führt er ein objektiv fremdes Geschäft. Die Situation widerlegt jedoch die Vermutung des Fremdgeschäftsführungswillens. Zwar ist dem Dieb bewusst, ein fremdes Geschäft zu führen. Er tut dies jedoch ausschließlich in eigenem Interesse. Es liegt also ein Fall des § 687 II BGB vor.

2. Subjektiv fremdes Geschäft

subjektiv fremdes Geschäft

Wie oben gesagt, begründet der nach außen erkennbare Fremdgeschäftsführungswille hier erst das fremde Geschäft. Beides muss zusammen geprüft werden. 13

3. Auch-fremdes Geschäft

Problem: Vermutung auch beim auch-fremden Geschäft

Beim auch-fremden Geschäft wird nach der Rspr. des BGH wie beim objektiv fremden Geschäft der Fremdgeschäftsführungswille vermutet. 14

---

[3] Der Fremdgeschäftsführungswille setzt sich damit aus dem Fremdgeschäftsführungsbewusstsein und dem sog. finalen Fremdgeschäftsführungswillen zusammen.

Zugrunde liegen jedoch oft problematische Fallkonstellationen, in denen die Bejahung des Fremdgeschäftsführungswillens keineswegs zweifelsfrei ist. Daher sollte der Widerleglichkeit der Vermutung besondere Beachtung geschenkt werden.

Bedeutsame Fallkonstellationen sind:

a) Tätigwerden aufgrund eines Vertrages mit einem Dritten

Vertrag mit Dritten

Typisch ist der oben (Rn. 8b) beschriebene Abschleppfall in dem GF einem Dritten, der Polizei gegenüber zur Leistung verpflichtet ist. Ob mit dem BGH ein Fremdgeschäftsführungswille zu vermuten ist, ist zweifelhaft. 15

Der GF wird primär oder gar ausschließlich zur Erfüllung *seiner Vertragspflicht* tätig. Der Wille, die Interessen des GH zu wahren, ist nachrangig. Auch will GF sich meist *nicht dem Willen des GH unterordnen* (vgl. § 677 BGB).

Hinzu kommen nach dem Ansatz des BGH folgende Überlegungen:

spezielles öffentliches Recht

Im klassischen Abschleppfall entschiede die GoA darüber, ob GH für die letztlich staatliche Leistung in Anspruch genommen wird. Dies muss sich jedoch aus öffentlichem Recht (Kostengesetze) ergeben. 16

Wertungen des Bereicherungsrechts

Unabhängig vom öffentlich-rechtlichen Hintergrund ergeben sich Unstimmigkeiten mit den Wertungen des Bereicherungsrechts: Ist der Vertrag zwischen GF und dem Dritten nichtig, steht GF nur die Leistungskondiktion gegenüber dem Dritten zu, der gegenüber dem Regressweg der Nichtleistungskondiktion gegenüber GH subsidiär ist.

Die Vermutung sollte demnach zumindest vorsichtig gehandhabt werden. Denkbar sind aber Konstellationen, in denen der Fremdgeschäftsführungswille erkennbar zutage tritt.

Anmerkung: Fall 2 in Hemmer/Wüst, Die 42 wichtigsten Fälle zur GoA und zum Bereicherungsrecht behandelt diese Thematik.

hemmer-Methode: Beginnen Sie die Prüfung auf jeden Fall mit der Vermutung der Rspr., aber widerlegen Sie sie, wenn sinnvoll. Zur Absicherung dieses Ergebnisses können die zwei systematischen Argumente gebracht werden („GoA passt nicht").

b) Tätigwerden aufgrund öffentlich-rechtlicher Vorschriften

öffentlich-rechtliche Vorschriften

Bei der Erfüllung *allgemeiner* öffentlich-rechtlicher Pflichten und gleichzeitiger Geschäftsführung für einen anderen kommt die Vermutung des Fremdgeschäftsführungswillens regelmäßig zum richtigen Ergebnis. 17

Hilfeleistung von GF für GH aufgrund § 323c StGB.

Bei speziellen öffentlich-rechtlichen Pflichten, insb. der öffentlichen Hand selbst, wird der Fremdgeschäftsführungswille jedoch oft in Zweifel gezogen, da im Vordergrund die Erfüllung eben dieser Pflicht steht.

Auch hier spricht ein Vorrang der öffentlichen Kostenregelungen gegen die Anwendbarkeit der GoA überhaupt.

c) Tätigwerden aufgrund nichtigen Vertrages

Rückabwicklung nichtiger Verträge

Erfüllt GF seine vermeintlichen Pflichten aus einem nichtigen Vertrag mit GH, so lässt sich begründen, dass GF nicht nur seinem eigenen Interesse der Vertragserfüllung nachkommt, sondern zugleich im Interessenkreis des GH tätig wird. Daher liegt es nahe, Aufwendungsersatz bzw. Entgelt für die erbrachte Leistungen nach GoA zu fordern (§§ 677, 683 S. 1, 670 BGB). 18

Für den Fremdgeschäftsführungswillen, wo dieses Problem regelmäßig diskutiert wird, stellt sich die Frage, ob GF nicht primär oder gar ausschließlich zur Erfüllung *seiner* vermeintlichen Vertragspflicht handelt (Die Förderung der Interessen des GH ist mehr Nebenfolge denn Zweck). Diese Frage wird durch die Vermutung des BGH oft umgangen.

Die Problematik liegt aber nicht nur dort, sondern insbesondere im Verhältnis der GoA zu anderen Rechtsinstituten, vor allem dem Bereicherungsrecht. Hier stellt die berechtigte GoA einen Rechtsgrund i.S.d. § 812 BGB dar. 19

Gewöhnlich wird für die Rückabwicklung nichtiger Verträge aber ohne Diskussion auf die Vorschriften der §§ 812 ff. BGB zurückgegriffen.

Wenn jedoch der Vertrag aufgrund §§ 134 bzw. 138 BGB nichtig ist, kann ein Bereicherungsanspruch nach § 817 S. 2 BGB ausgeschlossen sein (Rn. 125). Es besteht also die Gefahr, dass die Wertungen des Bereicherungsrechts unterlaufen werden.

> ***Bsp.:*** *Verstoß gegen das Schwarzarbeitsgesetz (§ 134 BGB i.V.m. SchwarzArbG).*

In solchen Fällen prüft der BGH *neben* dem Bereicherungsrecht (§§ 812 I S. 1 Alt.1, 817 S. 2 BGB) das Vorliegen eines Anspruches aus GoA. Dieser wird im Ergebnis verneint, weil GF Aufwendungen in der Situation des § 134 BGB nicht für erforderlich i.S.d. § 670 BGB halten darf. **20**

Merke: Vgl. dazu Fall 10 und 18 in Hemmer/Wüst, Die 42 wichtigsten Fälle zur GoA und zum Bereicherungsrecht.

GoA Rechtsgrund i.S.d. § 812 I BGB

Die Anwendbarkeit von GoA und Bereicherungsrecht nebeneinander ist aber systematisch falsch, da die berechtigte GoA ein Rechtsgrund i.S.d. § 812 BGB ist. Zum anderen eröffnet die Anwendung der GoA die grundsätzliche Möglichkeit, die vom Gesetzgeber besonders getroffenen, differenzierten Vorschriften des Bereicherungsrechts zu umgehen (§§ 814, 817 S. 2, 818 III BGB).

Umgehung der Vorschriften des Bereicherungsrechts

> *Ein wegen eines Einigungsmangels unwirksamer Vertrag könnte danach bspw. nach § 812 I S. 1 BGB oder §§ 677, 683 S. 1, 670 BGB „rückabgewickelt" werden. Auf Entreicherung (§ 818 III BGB) kann sich GH bei der berechtigten GoA nicht berufen.*

hemmer-Methode: Es geht hier letztlich um zwei getrennte Probleme: den Fremdgeschäftsführungswillen und die Anwendbarkeit der GoA als solcher. In einem ersten Punkt sollte die Vermutung des BGH widerlegt werden. Danach sollte, zur Absicherung, die Frage nach der Anwendbarkeit der GoA aufgeworfen werden. Ein Vorrang des Bereicherungsrechts vor der GoA (eigentlich ist es umgekehrt, da GoA Rechtsgrund i.S.d. § 812 BGB!) lässt sich beim nichtigen Vertrag durch die speziellen Regelungen in den §§ 812 ff. BGB begründen.

d) Gegenbeispiel: Erbensucherfall

Erbensucherfall

Die Rechtsprechung des BGH zeigt, dass die Vermutung des Fremdgeschäftsführungswillens durchaus widerlegbar ist. 21

> *Gewerbliche Erbensucher suchen selbständig und ohne Auftrag nach unbekannten Erben. Haben sie diese gefunden, verlangen sie Aufwendungsersatz gem. §§ 677, 683 S. 1, 670 BGB.*

Der BGH stellt dabei ein Fehlen des Fremdgeschäftsführungswillens fest. (Der Erbensucher ordnet sich dem Erben in der Geschäftsführung auch nicht unter.)

Im Übrigen wird die GoA für generell nicht anwendbar befunden, da sie die Risikoverteilung für das Zustandekommen von Verträgen (einen solchen wollten die Erben eben nicht!) unterläuft.

III. Ohne Auftrag oder sonstige Berechtigung

kein ermächtigendes Rechtsverhältnis

Gegenüber dem GH darf weder ein Auftragsverhältnis noch ein sonstiges Rechtsverhältnis bestehen, aufgrund dessen der GF zur Führung des Geschäfts berechtigt ist. 22

hemmer-Methode: Die Terminologie „berechtigt" meint in diesem Zusammenhang nicht die Frage, ob die Geschäftsführung dem Interesse und dem Willen des GH entspricht (zur Berechtigung zur Übernahme gleich), sondern die Frage, ob GF durch ein Rechtsverhältnis gegenüber GH zu dem Geschäft *ermächtigt* ist.

Besteht ein solches Rechtsverhältnis, so bestimmen sich die Rechte und Pflichten der Beteiligten ausschließlich nach diesem. Die §§ 677 ff. BGB sind dann nicht anwendbar.

gerade gegenüber GH

Wichtig ist: Die Berechtigung muss gerade gegenüber dem GH bestehen.

Unter „Auftrag" i.S.d. § 677 BGB ist nicht notwendig ein Auftrag i.S.d. § 662 zu verstehen. Es genügt *jeder* Verpflichtungsvertrag.

„Sonstige Berechtigung" ist jede gesetzliche Befugnis zur Führung eines fremden Geschäfts.

Bspe.:

- *Handeln als Organ einer juristischen Person für diese (bspw. § 35 I GmbHG)*
- *Handeln der Eltern für ihre Kinder aufgrund der gesetzlichen Vertretungsbefugnis (§§ 1626, 1629 BGB)*

Nicht als solche anerkannt ist nach h.M. die allgemeine Hilfeleistungspflicht gem. § 323 c StGB.

IV. Berechtigung zur Übernahme der Geschäftsführung

Die Übernahme eines fremden Geschäfts ist in drei Fällen berechtigt:

- Die Geschäftsübernahme entspricht dem „Interesse und dem wirklichen oder mutmaßlichen Willen" des GH, § 683 S. 1 BGB. 23
- Die Geschäftsübernahme widerspricht zwar dem wirklichen oder mutmaßlichen Willen des GH, sie dient aber der Erfüllung einer im öffentlichen Interesse liegenden Pflicht oder einer gesetzlichen Unterhaltspflicht, §§ 683 S. 2, 679 BGB.
- Die zunächst unberechtigte Geschäftsübernahme wird im Nachhinein vom GH genehmigt, § 684 S. 2 BGB.

In diesen drei Fällen entsteht das gesetzliche Schuldverhältnis der berechtigten GoA, das sich im Wesentlichen an das Auftragsrecht (§§ 662 ff. BGB) anlehnt.

1. Objektives Interesse und wirklicher oder mutmaßlicher Wille, § 683 S. 1 BGB

a) Maßgeblicher Zeitpunkt und Umfang

Bezugspunkt: Zeit der Übernahme und alle Umstände des Geschäfts

Die Voraussetzungen des § 683 BGB müssen zum Zeitpunkt der Übernahme vorliegen. Dabei beziehen sich Interesse und Wille auf die Übernahme als solche, den Zeitpunkt, den Umfang, die Art und Weise und die Person des GF. 24

> ***Bsp.:*** *Im Haus des GH brennt Licht. Es wäre zwar im Interesse des GH, wenn GF das Licht ausschaltet – aber nur, wenn GF das Haus mit bspw. einem Nachschlüssel betritt und nicht die Tür einschlägt, und nur, wenn GF bspw. ein vertrauenswürdiger Nachbar ist und nicht ein Landstreicher.*

b) Objektives Interesse

objektive Nützlichkeit

Ein objektives Interesse an der Übernahme des Geschäfts liegt vor, wenn diese für den GH objektiv nützlich ist. Dabei sind die besonderen Verhältnisse des GH zu beachten (subjektiver Einschlag). 25

> Die Bezahlung einer Schuld durch einen Dritten ist für den Schuldner grundsätzlich objektiv nützlich, weil er dadurch von seiner Verpflichtung befreit wird (§§ 362 I, 267 BGB); nicht jedoch, wenn der Schuldner die Einrede der Verjährung gehabt hätte oder die Aufrechnung hätte erklären können.

c) Wille des GH

wirklicher Wille

Maßgeblich ist grundsätzlich der wirkliche Wille. Dieser muss ausdrücklich oder konkludent *geäußert* worden sein; er muss aber dem GF nicht bekannt sein. 26

Ein entgegenstehender *innerer* Wille ist unbeachtlich. Der Wille des GH kann (in Grenzen, vgl. Rn 31 ff.) unvernünftig oder interessenwidrig sein.

mutmaßlicher Wille

Ist ein wirklicher (geäußerter) Wille nicht feststellbar, so wird auf den mutmaßlichen Willen zurückgegriffen. Dabei ist zu prüfen, ob der GH bei objektiver Beurteilung der Gesamtumstände der Geschäftsübernahme zugestimmt hätte. Sofern nicht besondere Anhaltspunkte gegeben sind, wird der mutmaßliche Wille aus dem objektiven Interesse ermittelt. 27

Achtung: Nimmt der GF den Willen des GH irrtümlich an, so wird die GoA dadurch nicht zur berechtigten. Die strenge Haftung wegen Übernahmeverschuldens nach § 678 BGB tritt aber nur bei einer schuldhaften Fehleinschätzung ein („und musste der GF dies erkennen“).

d) Verhältnis von Wille und Interesse

Vorrang des wirklichen Willens

Der Wille des GH geht grundsätzlich dessen objektivem Interesse vor (Ausnahme nur § 679 BGB und wenn sich aus dem Gesetz etwas anderes ergibt). 28

> *GH ist völlig überschuldet. Sein reicher Onkel GF will die Schulden bezahlen. Dies lehnt GH aber ab, da er auf niemanden angewiesen sein will.*

Zahlt GF dennoch, so liegt eine unberechtigte GoA vor, da die Zahlung zwar objektiv nützlich ist, aber eben der Wille fehlt. (Vgl. auch Fall 5 in Hemmer/Wüst, Die 42 wichtigsten Fälle zur GoA und zum Bereicherungsrecht.)

hemmer-Methode: Trotz Vorrangs des Willens sollte in diesem Fall zunächst das objektive Interesse (kurz) bestimmt, und auf den Konflikt mit dem Willen hingewiesen werden. Immerhin weichen Sie vom Gesetzeswortlaut ab, der ja das Vorliegen vom Wille und Interesse kumulativ verlangt! *29*

2. Unbeachtlichkeit des Willens, §§ 683 S. 2, 679 BGB

a) Bei im öffentlichen Interesse liegender Pflicht

Unbeachtlicher Wille

Es kann sich um eine privatrechtliche (z.B. Verkehrssicherungspflicht) oder eine öffentlich-rechtliche Pflicht (z.B. Streupflicht) handeln. Ein öffentliches Interesse an der Erfüllung der Pflicht besteht, wenn ohne Eingreifen des GF konkrete Belange der Allgemeinheit gefährdet oder beeinträchtigt würden. *30*

Meist geht es hier um den Schutz von Leben, Gesundheit oder Sachgütern.

GH will den Gehweg vor seinem Haus nicht streuen, obwohl er dazu durch Gemeindesatzung verpflichtet ist. Streut Nachbar GF den Gehweg des GH mit, so kann er gem. §§ 677, 683 S. 2, 679, 670 BGB Ersatz der ihm entstandenen Kosten verlangen. Die Erfüllung der Streupflicht lag im öffentlichen Interesse, da eine Gefahr für Passanten bestand.

b) Bei gesetzlicher Unterhaltspflicht

Gesetzliche Unterhaltspflichten sind bspw. §§ 1360 f, 1601 ff., 1969 BGB. Die Unterhalspflicht muss nicht im öffentlichen Interesse liegen (Wortlaut des § 679 BGB!)

c) Sonstige Unbeachtlichkeit des Willens

Unbeachtlichkeit bei Sittenwidrigkeit/gesetzlichem Verbot?

Der Wille des GH soll auch dann unbeachtlich sein, wenn er gegen ein gesetzliches Verbot oder gegen die guten Sitten verstößt. *31*

Standardfall ist der des Selbstmörders:

GH stürzt sich in Selbstmordabsicht von einer Brücke in einen Fluss. Der zufällig vorbeikommende GF rettet GH, der noch bei vollem Bewusstsein ist. Berechtigte GoA?

hemmer-Methode: Achtung: Hier liegt ein Fall des auch-fremden Geschäfts vor (Pflicht des GF aus § 323 c StGB und Hilfeleistung im Interessenkreis des GH). Der Fremdgeschäftsführungswille lässt sich bei allgemeinen öffentlich-rechtlichen Pflichten jedoch unproblematisch vermuten, s.o., Rn. 17.

Die Rettung lag im objektiven Interesse des GH. Berechtigt war die Geschäftsführung aber nur, wenn der hier entgegenstehende Wille des GH unbeachtlich ist.

Eine Pflicht, im öffentlichen Interesse am Leben zu bleiben, gibt es nicht, so dass § 679 BGB (direkt) nicht passt.

§ 679 BGB analog

Die Unbeachtlichkeit wird aber damit begründet, dass der Wille des Selbstmörders sittenwidrig i.S.d. § 138 BGB ist und damit analog § 679 BGB unbeachtlich ist. Nach anderer Ansicht finden jedoch §§ 138 oder auch 134 BGB keine Anwendung, sondern vielmehr §§ 104 Nr. 2, 105 BGB (analog!). 32

anders bei Bewusstlosigkeit

Achtung: War der Selbstmörder zur Zeit der Rettung bereits bewusstlos, so ist sein wirklicher Wille nicht mehr feststellbar. Der mutmaßliche Wille geht dann regelmäßig dahin, gerettet zu werden. 33

Merke: Ein etwas anderer „Selbstmörderfall“ als im Beispiel oben wird gelöst in Hemmer/Wüst, Die 42 wichtigsten Fälle zur GoA und zum Bereicherungsrecht Fall 3.

hemmer-Methode: Hier ist auch die Problematik eines Schadensersatzanspruches aus § 823 BGB „wegen Herausforderung“ an relevant (Achtung: Nicht für bloße Vermögensschäden!). Der Retter darf sich aufgrund der Pflicht aus § 323 c StGB zur Rettung herausgefordert fühlen (Rn. 321). Der Deliktsanspruch muss der Vollständigkeit halber neben berechtigter GoA geprüft werden (Anspruchskonkurrenz!). 34

d) Nicht voll Geschäftsfähige

geschäftsunfähiger oder beschränkt geschäftsfähiger GH

Ein Geschäftsunfähiger oder beschränkt Geschäftsfähiger kann ohne weiteres GH sein (s. zum GF oben Rn. 6). 35

Wille des Vertreters maßgeblich

Für die Frage, ob die GoA berechtigt ist, wird entsprechend §§ 104 ff. BGB auf den wirklichen bzw. mutmaßlichen Willen des gesetzlichen Vertreters abgestellt.

> ***Flugreisefall:*** *Ein Minderjähriger erschleicht sich eine Flugreise in die USA. Die Fluggesellschaft bringt ihn zurück zu seinen Eltern und verlangt Aufwendungsersatz gem. §§ 677, 681 S. 1, 670 (1835 III analog) BGB.*
>
> *Für den Hinflug fehlt es am FGW, da die Fluggesellschaft nichts von der Anwesenheit des Minderjährigen weiß. Nur für den Rückflug (!) besteht eine berechtigte GoA, da nur der Rücktransport dem (mutmaßlichen) Willen der Eltern entsprach.*

hemmer-Methode: Auf den Willen des gesetzlichen Vertreters kommt es entsprechend auch bei der Genehmigung im § 684 S. 2 BGB an.

sonst mutmaßlicher Wille

Der wirkliche Wille kann bei einer vorübergehenden Störung der Geistestätigkeit (Volltrunkenheit) entsprechend § 105 II BGB unbeachtlich sein. Maßgeblich ist dann der mutmaßliche Wille. 36

3. Genehmigung, § 684 S. 2 BGB

Genehmigung durch GH führt zur berechtigten GoA

Ist die Geschäftsübernahme nicht gemäß § 683 berechtigt, so liegt eine unberechtigte GoA vor. Diese kann jedoch vom GH genehmigt werden, wodurch sie rückwirkend (§ 184 BGB) zur berechtigten wird. 37

konkludent durch Herausgabeverlangen

Die Genehmigung kann ausdrücklich oder konkludent erfolgen, bspw. durch ein Herausgabeverlangen gem. §§ 681 S. 2, 667 BGB.

C. Rechtsfolgen der berechtigten GoA

I. Ansprüche des GF

GF schutzwürdig

Bei der berechtigten GoA ist der GF schutzwürdig. Es entsteht ein gesetzliches Schuldverhältnis, kraft dessen er seine Aufwendungen ersetzt verlangen kann. 38

Anspruchsgrundlage: §§ 683 S. 1, 670 BGB (evtl. über §§ 683 S. 2, 679, 684 S. 2 BGB).

Über § 670 BGB kann der GF alle „Aufwendungen" ersetzt verlangen, „die er … für erforderlich halten durfte".

Aufwendungen = freiwillige Vermögensopfer

Aufwendungen sind Vermögensopfer, die der GF zum Zwecke der Geschäftsführung *freiwillig* macht. Dazu zählen auch solche Vermögensopfer, die sich als notwendige Folge der Ausführung ergeben, z.B. Steuern. 39

Schäden nur bei typischem Risiko

Davon sind Schäden abzugrenzen. Diese sind *unfreiwillige* Vermögensopfer. Schäden werden dennoch entsprechend § 670 BGB ersetzt, wenn sich das typische Risiko der übernommenen Tätigkeit entfaltet. Ein Mitverschulden des GF ist dann analog § 254 BGB zu berücksichtigen (beschränkt durch § 680 BGB).

> ***Typisches Risiko:*** *GF löscht ein Feuer im Haus des GH und erleidet dabei Brandverletzungen.*

professionelle GoA

Arbeitskraft ist grds. keine Aufwendung i.S.d. § 670 BGB. Dies folgt aus der Unentgeltlichkeit des Auftrages. Bei der Verweisung über § 683 S. 1 BGB (nicht beim Auftrag!) liegt jedoch analog § 1835 III BGB eine Aufwendung vor, wenn die Tätigkeit dem Beruf oder Gewerbe des GF angehört. 40

hemmer-Methode: Bei der sog. „professionellen GoA" entfällt dann aber auch das Haftungsprivileg des § 680 BGB, da sie einem entgeltlichen Vertrag entspricht.

Nur anteiligen Ersatz kann der GF verlangen, wenn ein auch-fremdes Geschäft vorliegt.

nutzlose Aufwendungen u.U. ersatzfähig

Achtung: Ersetzt werden nicht erforderliche Aufwendungen, sondern solche, die GF für erforderlich halten *durfte*. Dies können Aufwendungen sein, die im Ergebnis für den GH nutzlos sind. Auch deshalb ist die GoA als Rückgriffsanspruch (gegenüber dem Bereicherungsrecht) so attraktiv. 41

Anmerkung: Vgl. dazu auch Hemmer/Wüst, Die 55 wichtigsten Fälle zur GoA und zum Bereicherungsrecht Fall 5.

II. Ansprüche des GH

Der GF hat bestimmte Pflichten, aus denen sich Ansprüche des Geschäftsherrn ergeben:

Pflichten des GF

⇨ Nach § 681 S. 1 BGB hat er die Geschäftsübernahme sobald wie möglich anzuzeigen. 42

⇨ Nach § 677 BGB hat er bei der Ausführung des Geschäfts das Interesse und den Willen des GH zu beachten.

⇨ Nur ausnahmsweise ergibt sich aus § 242 BGB bzw. § 671 II BGB entsprechend eine Pflicht zur (Fort-) Führung des Geschäfts.

⇨ Über § 681 S. 2 BGB hat der GF die Informations- und Herausgabepflichten eines Beauftragten, §§ 666-668 BGB. Die Herausgabepflicht gem. § 667 Alt.2 BGB erfasst auch einen Gewinn, der auf besondere Leistungen und Fähigkeiten des GF zurückzuführen ist.

Bsp.: *GF vermietet in berechtigter GoA das Ferienhaus des GH. GH selbst hätte wegen Unerfahrenheit nur eine niedrigere Miete erzielt.*

Schadensersatzansprüche nach §§ 280 ff. BGB

Ein Verstoß gegen diese Pflichten kann zu einem Schadensersatzanspruch aus §§ 280 ff. BGB führen. 43

hemmer-Methode: Weil spezielle Regelungen fehlen, gilt das „vor die Klammer gezogene" allgemeine Schuldrecht.

Dabei ist zwischen Leistungs- und bloßen Schutzpflichten zu differenzieren.

Ist bspw. dem GF die Herausgabe des Erlangten unmöglich geworden, so haftet er bei Verschulden auf Schadensersatz nach §§ 280 I, III, 283 S. 1, 681 S. 2, 667 BGB (Leistungspflicht).

GF vermietet das Ferienhaus des GH und zeigt dies, obwohl GH erreichbar ist, diesem nicht an. GH fährt zu seinem Haus, um dort zu übernachten. GF haftet gem. §§ 280 I, 681 S. 1 BGB für die unnützen Fahrtkosten.

Die Hauptpflicht der GoA, nämlich die der sorgfältigen Geschäftsführung gem. § 677 BGB, führt regelmäßig nur zu einem Anspruch aus §§ 280 I, 677 BGB. Anders (§§ 280 I, III, 281 ff. BGB) kann dies nur bei einer Fortführungspflicht des GF (selten!, s.o.) sein.

Privilegierung bei Gefahrenabwehr

Achtung: Bei Gefahrenabwehr greift die Privilegierung des § 680 BGB (sofern nicht professionelle Nothilfe, Rn. 40). Damit die Privilegierung nicht leer läuft, wird sie auf konkurrierende Ansprüche (bspw. §§ 823 ff. BGB) übertragen. 44

III. Konkurrenz zu anderen Ansprüchen

1. Konkurrenz zum EBV, §§ 987 ff. BGB

Vorrang vor EBV

Die §§ 987 ff. BGB sind nicht anwendbar, wenn die Inbesitznahme einer Sache im Rahmen einer berechtigten GoA erfolgt, denn die *berechtigte* GoA (nicht die unberechtigte!) stellt ein Recht zum Besitz i.S.d. § 986 BGB dar, jedenfalls bis zum berechtigten Herausgabeverlangen (Fall der sog. schwebenden Vindikationslage). 45

2. Konkurrenz zum Bereicherungsrecht, §§ 812 ff. BGB

Vorrang vor Bereicherungsrecht

Die §§ 812 ff. BGB sind unanwendbar, da die berechtigte GoA ein Rechtsgrund i.S.d. § 812 BGB ist. 46

3. Konkurrenz zum Deliktsrecht, §§ 823 ff. BGB

Vorrang vor Deliktsrecht

Die berechtigte GoA schließt die Rechtswidrigkeit von deliktischem Handeln aus. Dies gilt aber nur, wenn die Rechtsgutsverletzung gerade Inhalt des vom GF übernommenen Geschäfts ist. 47

Bei Ausführungsverschulden bleiben §§ 823 ff. BGB anwendbar. Allerdings wird das Haftungsprivileg des § 680 BGB (Verschulden) übertragen (Rn. 341).

> *Im Fall der Vermietung des Ferienhauses, stellt das Einlassen fremder Leute eine Eigentumsverletzung i.S.d. § 823 I BGB dar. Diese ist jedoch nicht rechtswidrig, wenn eine berechtigte GoA vorliegt.*
>
> *Beschädigt GF jedoch das Haus, während er die Mieter durch das Haus führt, haftet er aus § 280 I BGB wegen Pflichtverletzung im Rahmen des Schuldverhältnisses der berechtigten GoA, weil die Beschädigung nicht zur ordentlichen Führung des Geschäfts gehört (Ausführungsverschulden).*
>
> *Daneben kommt eine Haftung aus § 823 I BGB in Betracht. Die berechtgite GoA kann diese Handlung bei der Ausführung nicht legitimieren.*

hemmer-Methode: Diese Konkurrenzverhältnisse sind Grundlage vieler Klausuren. Für die Prüfung ist deshalb wärmstens zu empfehlen, die GoA zuerst zu prüfen. So vermeiden Sie Inzidentprüfungen.

D. Rechtsfolgen der unberechtigten GoA

GH schutzwürdig

Ist die GoA unberechtigt i.S.d. § 683 BGB, so entsteht das Schuldverhältnis der berechtigten GoA *nicht*. Die Interessen des GH sind vorrangig. §§ 677 ff. BGB erweitern die Haftung des unberechtigten GF über die §§ 812 ff. und 823 ff. BGB hinaus. 48

I. Ansprüche des GF

nur Bereicherungsanspruch

Statt des Aufwendungsersatzanspruches aus §§ 683 S. 1, 670 BGB steht dem GF nur ein Kondiktionsanspruch gem. § 684 S. 1 BGB zu. Diesem kann der GH den Entreicherungseinwand (§ 818 III BGB) entgegenhalten. 49

Anmerkung: Vgl. dazu Hemmer/Wüst, Die 42 wichtigsten Fälle zur GoA und zum Bereicherungsrecht Fall 5.

Rechtsfolgenverweisung

Nach h.M. ist § 684 S. 1 BGB eine Rechtsfolgenverweisung (d.h. nur auf §§ 818 ff. BGB). Der Tatbestand des § 812 BGB ist nicht zu prüfen. Die §§ 812 ff. BGB bleiben aber als selbständige Anspruchsgrundlage daneben bestehen, da die unberechtigte GoA keinen Rechtsgrund darstellt. 50

II. Ansprüche des GH

1. Wichtigster Anspruch des GH bei unberechtigter GoA ist der Schadensersatzanspruch aus § 678 BGB. Dieser knüpft an ein sog. „Übernahmeverschulden" an, d.h. es kommt nur darauf an, ob der GF erkannt oder infolge von Fahrlässigkeit („kennen musste", Legaldefinition in § 122 II BGB) verkannt hat, dass die Geschäftsübernahme dem maßgeblichen Willen des GH widerspricht. 51

Auf das Übernahmeverschulden ist jedoch die Privilegierung des § 680 BGB analog anzuwenden.

Verschuldensunabhängige Folgehaftung bei Übernahmeverschulden

Sind die Voraussetzungen des § 678 BGB erfüllt, so hat der GF jeden aus der Geschäftsführung adäquat kausal entstehenden Schaden zu ersetzen. Dies auch dann, wenn ihm bei der Ausführung kein weiteres Verschulden zur Last fällt. 52

Anmerkung: Siehe dazu Hemmer/Wüst, Die 42 wichtigsten Fälle zur GoA und zum Bereicherungsrecht Fall 7.

§ 280 I BGB bei Ausführungsverschulden

2. In Betracht kommt auch ein Anspruch aus § 280 I BGB i.V.m. dem Schuldverhältnis der unberechtigten GoA. 53

Dieser ist von Bedeutung, wenn ein Anspruch aus § 678 BGB mangels Übernahmeverschuldens ausscheidet, aber ein Ausführungsverschulden gegeben ist.

Anwendbarkeit des § 681 BGB?

3. Strittig ist, ob dem GH auch die sich aus § 681 BGB ergebenden Ansprüche zustehen. Nach einer Ansicht soll der unberechtigte GF nicht besser stehen als der berechtigte. Von der gesetzlichen Systematik her, muss aber der GH die GoA genehmigen, § 684 S. 2 BGB, um die Ansprüche aus § 681 BGB herbeizuführen. Ansonsten unterliegt der GF nur der (sehr strengen) Schadensersatzhaftung aus § 678 BGB. 54

4. Daneben bleiben Ansprüche aus §§ 987 ff., 812 ff., 823 ff. BGB möglich. Die unberechtigte GoA ist weder Rechtsgrund, noch Rechtfertigungsgrund, noch Recht zum Besitz.

E. Eigengeschäftsführung, § 687 BGB

Eigengeschäftsführung

Eine Eigengeschäftsführung liegt vor, wenn jemand ein fremdes Geschäft als sein eigenes behandelt, wenn also der Fremdgeschäftsführungswille fehlt. 55

= objektiv fremdes Geschäft im eigenen Interesse geführt

Voraussetzung für § 687 BGB ist immer ein objektiv fremdes Geschäft. Ein neutrales Geschäft wird ja erst durch den (nach außen erkennbaren) Fremdgeschäftsführungswillen zum (subjektiv) fremden Geschäft (z.B. Erwerb einer Sache). Der Fremdgeschäftsführungswille fehlt aber gerade.

§ 687 regelt zwei Fälle: Die irrtümliche Eigengeschäftsführung und die Geschäftsanmaßung.

I. Irrtümliche Eigengeschäftsführung, § 687 I BGB

Irrtum des GF

§ 687 I BGB behandelt den Fall, dass jemand *irrtümlich* ein objektiv fremdes Geschäft als eigenes behandelt. Dem GF fehlt das Bewusstsein, ein fremdes Geschäft zu führen. 56

§§ 677 ff. BGB nicht anwendbar

Hier sind die §§ 677 ff. BGB überhaupt nicht anwendbar. (auch keine Genehmigung nach § 684 S. 2 BGB). Dies gilt auch dann, wenn der Irrtum verschuldet war.

Statt dessen gelten für das Verhältnis zwischen GH und GF die §§ 987 ff., 812 ff., 823 ff. BGB

> ***Bsp.:*** *GF erwirbt das Auto des GH und vermietet es weiter an D. GH war bei dem Geschäft mit GF unerkannt geschäftsunfähig. Anspruch des GH auf Herausgabe der Miete?*

Zwar liegt ein objektiv fremdes Geschäft vor. Ansprüche aus GoA scheiden aber aufgrund § 687 I BGB aus.

GF wollte ein eigenes Geschäft führen; ihm fehlt der Fremdgeschäftsführungswille. Die Nichtigkeit der Übereignung kannte er nicht (kein § 687 II BGB). Eine Genehmigung der „GoA" nach § 684 S. 2 BGB ist nicht möglich.

Ein Anspruch aus §§ 987 I, 990 BGB scheitert an fehlender Bösgläubigkeit des GF bei Erwerb des durch die Mieter vermittelten Besitzes.

§ 816 I S. 1 BGB ist weder direkt (keine Verfügung!) noch analog anwendbar.

Ein Anspruch aus §§ 812, 818 I BGB ist aber gegeben.

Merke: Hätte der Geschäftsführer nicht vermietet, sondern übereignet, wäre § 816 I S.1 BGB einschlägig.

II. Geschäftsanmaßung

bei Kenntnis

§ 687 II BGB regelt den Fall, dass jemand ein objektiv fremdes Geschäft im eigenen Interesse führt, obwohl er positive Kenntnis von der Fremdheit des Geschäfts hat. Gemäß § 142 II BGB genügt auch positive Kenntnis von der Anfechtbarkeit des Geschäfts. 57

Bsp.: *GF „kauft" unter arglistiger Täuschung des GH von diesem ein Auto. Das Auto veräußert er weiter an D. Erst danach ficht GH „das Geschäft" an.*

Aufgrund der Anfechtung (des Verfügungsgeschäfts! – Auslegung) ist die Übereignung GH-GF ex-tunc unwirksam (§ 142 I BGB). Die Übertragung des Eigentums des GH ist für GF ein objektiv fremdes Geschäft. Für die Rechtsfolgen des § 687 II BGB müsste GF gewusst haben, dass das Geschäft ein fremdes war. Z.Zt. der Übereignung an D wusste GF nicht, dass das Geschäft wegen der (zukünftig erfolgenden) Anfechtung ex-tunc nichtig sein würde. Da er aber die Anfechtbarkeit kannte, wird er gem. § 142 II BGB so behandelt, als hätte er die (rückwirkend eingetretene) Nichtigkeit gekannt.

GF nicht schutzwürdig

Bei der Geschäftsanmaßung ist GF überhaupt nicht schutzwürdig; er haftet nach den allgemeinen Vorschriften (§§ 987 ff., 812 ff., 823 ff. BGB). Darüber hinaus gibt § 687 II S. 1 BGB dem GH die Möglichkeit (Wahlrecht!), die Ansprüche aus berechtigter und unberechtigter GoA geltend zu machen, die u.U. für ihn günstiger sind (v.a. § 678 BGB und der Anspruch aus §§ 681 S. 2, 667 BGB, der auch auf den Gewinn geht). 58

hemmer-Methode: § 687 II BGB wird oft übersehen, obwohl er von den Rechtsfolgen (Verweis auf §§ 678 und 681 BGB) äußerst günstig ist. In Konstellationen, in denen man sonst v.a. auf § 816 I BGB oder das EBV abstellt, sollte daher immer auch an § 687 II BGB gedacht werden. Oft wird es freilich am subjektiven Tatbestand beim GF fehlen.

1. Ansprüche des GH

Option des GH nach GoA vorzugehen

a) Über § 687 II BGB kann der GH vom GF Herausgabe des Erlangten nach §§ 681 S. 2, 667 BGB verlangen. Danach kann der GH auch vom GF erzielten Gewinn herausverlangen, den er selbst nicht gemacht hätte. 59

meist vorteilhaft

Bsp.: *GF stiehlt das Auto des GH und vermietet es an D. GH hätte sein Auto nicht genutzt. Ansprüche des GH auf Herausgabe der Miete?*

§§ 990 I, 987 I BGB ersetzen zwar die „gezogenen Nutzungen" jedoch nur soweit diese nicht auf einer persönlichen Leistung des Besitzers beruhen (Glück/besonderes Verhandlungsgeschick).

§ 816 I BGB gilt bei Vermietung weder direkt (keine Verfügung!) noch analog (unten Rn. 172).

Deliktische Haftung (§§ 992, 823 I BGB) ersetzt hier keinen entgangenen Gewinn (§ 252 BGB), da GH nicht vermietet hätte. An Ersatz ist maximal wegen der Kommerzialisierung von Gebrauchsvorteilen zu denken. Auch dies ließe besondere Leistungen von GF unberücksichtigt.

Nach §§ 687 II, 681 S. 2, 667 BGB muss GF alles aus der Weitervermietung Erlangte herausgeben.

Anmerkung: Vgl. dazu auch Hemmer/Wüst, Die 42 wichtigsten Fälle zur GoA und zum Bereicherungsrecht Fall 7.

b) Wichtig ist auch der Schadensersatzanspruch aus §§ 687 II, 678 BGB. GF muss danach verschuldensunabhängig für Folgeschäden einstehen. 60

c) Die §§ 987 ff., 812 ff., 823 ff. BGB sind daneben uneingeschränkt anwendbar und daher zu prüfen. 61

2. Ansprüche des GF

Die Ansprüche des GF richten sich danach, ob GH die Rechte aus § 687 II BGB geltend macht.

a) Tut er dies, so kann der GF gem. §§ 687 II S. 2, 684 S. 1 BGB Aufwendungsersatz verlangen. Eigentlich kann GF „das durch die Geschäftsführung Erlangte" herausverlangen. §§ 687 II S. 1, 681 S. 2, 667 BGB weisen das Ergebnis der Geschäftsführung aber schon dem GH zu, so dass nur das Verständnis als Aufwendungsersatzanspruch Sinn ergibt. 62

Ersatzanspruch nur über § 687 II BGB

b) Macht GH von § 687 II BGB keinen Gebrauch, so hat GF grundsätzlich keinerlei Ansprüche. §§ 994 ff. BGB können u.U. einen Verwendungsersatzanspruch gewähren. 63

Ein Anspruch aus §§ 812 ff. BGB ist ausgeschlossen, da GF nach der Wertung des § 687 II 2 BGB und des § 996 BGB keinen Ersatz für seine Aufwendungen erhalten soll.

§ 2 Bereicherungsrecht

A. Überblick

I. Grundgedanke

Das Bereicherungsrecht (§§ 812 ff. BGB) dient dem Ausgleich ungerechtfertigter Vermögensverschiebungen. Es gewährt insbesondere einen Anspruch auf Rückabwicklung, wenn im Verhältnis der Beteiligten ein Rechtsgrund fehlt. 64

Gerechter Ausgleich als Ziel

Damit verfolgt es das Ziel eines gerechten Ausgleichs durch Herausgabe des Erlangten bzw. Wertersatz, wenn zwar zunächst ein rechtswirksamer Vermögenserwerb vorliegt, aber dieser mit den Grundsätzen materieller Gerechtigkeit nicht zu vereinbaren ist.

Bereicherung beim Schuldner maßgeblich

Für den Ausgleich soll der beim Schuldner entstandene Vermögensvorteil abgeschöpft werden. Damit stellt das Bereicherungsrecht – im Gegensatz zum Deliktsrecht – nicht so sehr auf den Gläubiger, sondern den Schuldner des Anspruchs ab. 65

neues Schuldverhältnis

Das Ziel der Rückgängigmachung von Leistungen, die auf mangelhafter (schuld-)rechtlicher Grundlage ausgetauscht wurden, verfolgen auch die §§ 346 ff. BGB. Allerdings gestaltet sich bei §§ 346 ff. BGB das ursprüngliche Schuldverhältnis in ein Rückgewährschuldverhältnis um, während bei den §§ 812 ff. BGB ein *neues gesetzliches Schuldverhältnis* erst entsteht. 66

II. Verweisungen auf das Bereicherungsrecht

Zahlreiche Vorschriften im BGB verweisen auf das Bereicherungsrecht. Dabei muss zwischen Rechtsgrund- und Rechtsfolgenverweisungen unterschieden werden. 67

Rechtsgrundverweisung

Bei einer Rechtsgrundverweisung müssen nach der verweisenden Norm *Tatbestand und Rechtsfolgen* der §§ 812 ff BGB vollständig geprüft werden. Es werden also *sämtliche* im Folgenden behandelte Fragen relevant (bspw. Vorrang der Leistungsbeziehungen).

> ***Bsp.:*** *§ 951 I BGB, § 531 II BGB.*

Rechtsfolgenverweisung

Liegt eine Rechtsfolgenverweisung vor, so wird nur auf die §§ 818 ff. BGB verwiesen. Der Tatbestand der §§ 812 ff. BGB muss nicht geprüft werden.

Bsp.: *§§ 988, 2021 BGB.*

Auslegung

hemmer-Methode: Welche Verweisung vorliegt, richtet sich nach Sinn und Zweck der Norm. Jedenfalls, wenn zugleich ein Rechtsverhältnis Rechtsgrund i.S.d. §§ 812 ff. BGB ist (vgl. auch § 528 I BGB), muss eine Rechtsfolgenverweisung vorliegen.

III. Einteilung der §§ 812 ff. BGB

In den §§ 812 ff. BGB finden sich zwei Typen von Anspruchsgrundlagen: Leistungs- und Nichtleistungskondiktionen. Diese unterscheiden sich grundlegend dadurch, dass bei den ersteren der auszugleichenden Vermögensverschiebung eine Leistung zugrunde liegt. 68

Leistungskondiktionen

Arten der Leistungskondiktion 69

- ⇨ § 812 I S. 1 Alt 1 BGB (condictio indebiti)
- ⇨ § 812 I S. 2 Alt.1 BGB (condictio ob causam finitam)
- ⇨ § 812 I S. 2 Alt.2 BGB (condictio ob rem)
- ⇨ § 817 S. 1 BGB (condictio ob turpem vel iniustam causam)

Nichtleistungskondiktionen

Arten der Nichtleistungskondiktion 70

- ⇨ § 812 I S. 1 Alt.2 BGB (erfasst sog. Eingriffs-, Verwendungs- und Rückgriffskondiktion)
- ⇨ § 816 I S. 1 BGB (Fall der Eingriffskondiktion)
- ⇨ § 816 I S. 2 BGB (Durchgriffskondiktion)
- ⇨ § 816 II BGB (Drittempfangskondiktion)
- ⇨ § 822 BGB (Durchgriffskondiktion)

Für das Verhältnis von Leistungs- zu Nichtleistungskondiktionen ist grds. Folgendes zu beachten:

Im Zweipersonenverhältnis schließen sich Leistungs- und Nichtleistungskondiktion per Definition aus. Entweder geschieht die Vermögensverschiebung „durch Leistung" oder „in sonstiger Weise" (vgl. § 812 I S. 1 BGB). 71

Vorrang der Leistungsbeziehung

Im Mehrpersonenverhältnis gilt als Grundsatz der *Vorrang der Leistungsbeziehung*: Eine Nichtleistungskondiktion kommt nur in Betracht, wenn der Empfänger des Vermögenswertes diesen nicht durch Leistung (egal von wem) erlangt hat. Dahinter steht der Gedanke, dass im jeweiligen Schuld- / Leistungsverhältnis abgewickelt werden soll. 72

hemmer-Methode: Es geht rein technisch nicht um den Vorrang der Leistungs*kondiktion* (auch wenn sich dieser praktisch oft ergibt). Auch und gerade, wenn der Bereicherte den Vermögenswert durch Leistung, aber dem Leistenden gegenüber *kondiktionsfest* erlangt hat, kann er nicht von Dritten über die Nichtleistungskondiktion in Anspruch genommen werden.

Bereicherungsrechtliche Drittbeziehungen sind daher oft vom Verhältnis Leistungs- zur Nichtleistungskondiktion geprägt. Auf solche Dreiecksverhältnisse wird in einem gesonderten Abschnitt eingegangen (Rn. 204 ff.).

B. Die Leistungskondiktion

I. Grundtatbestand, § 812 I S. 1 Alt.1 BGB

Voraussetzungen: 73

- ⇨ etwas erlangt
- ⇨ durch Leistung
- ⇨ (anfänglich) ohne rechtlichen Grund
- ⇨ kein Ausschluss (§§ 814, 817 S. 2 BGB)

1. „etwas erlangt"

jeder Vermögensvorteil

Als erste Voraussetzung muss der Anspruchsgegner „etwas erlangt" haben. Dieser sog. Bereicherungsgegenstand kann jeder Vermögensvorteil sein. 74

hemmer-Methode: Diese Voraussetzung ist allen Bereicherungstatbeständen gemeinsam!

Vermögensvorteile sind insbesondere Rechte aller Art, vorteilhafte Rechtsstellungen, die Befreiung von Verbindlichkeiten und Gebrauchsvorteile.

a) Rechte aller Art

insb. dingliche Rechte, Forderungen

Rechte sind zum einen *dingliche* Rechte wie Eigentum, Pfandrecht oder das Anwartschaftsrecht. Zum anderen sind auch persönliche Rechte, Forderungen und Nutzungsrechte, erfasst. 75

Bereicherungsgegenstand kann gem. § 812 II BGB auch ein Schuldversprechen/-anerkenntnis sein (§§ 780/781 BGB).

> *Überweist A dem C einen Geldbetrag, so erwirbt C im Laufe der Abwicklung der Überweisung zunächst einen Anspruch gegen seine Bank B auf Gutschrift des Betrages auf seinem Konto, § 675t I S. 1 BGB, und nach Gutschrift einen Auszahlungsanspruch. Die Gutschrift stellt ein abstraktes Schuldanerkenntnis i.S.d. §§ 780, 781 BGB dar.*

hemmer-Methode: Achten Sie auf eine präzise Bestimmung des Bereicherungsgegenstandes. Werden „Sachen" geleistet, so handelt es sich um Besitz oder Eigentum oder aber auch beides. Bei Geld, das nicht bar übergeben, sondern überwiesen wird, wird ein Schuldanerkenntnis der Gläubigerbank erlangt.

b) Vorteilhafte Rechtsstellungen

aa) Besitz

Besitz kann als vorteilhafte Rechtsstellung grundsätzlich „erlangtes Etwas" sein. 76

Besitz

Für die Leistungskondiktion gilt dies uneingeschränkt. Über die Nichtleistungskondiktion kann der bloße Besitz aber nur herausgefordert werden, wenn der Besitz durch ein Recht zum Besitz einen bestimmten Zuweisungsgehalt bekommen hat.

beschränkt bei Nichtleistungskondiktion

Grund dafür sind sonst auftretende Unstimmigkeiten mit den Besitzschutzvorschriften:

> ***Bsp.:*** *A hat B ein Buch weggenommen, doch hat sich B dieses umgehend wieder zurückgeholt.*
>
> A darf hier keine Nichtleistungskondiktion zustehen, da sonst die §§ 858 ff. BGB unterlaufen würden (hier insb. § 859 II BGB: Recht des B zur Besitzkehr).

bb) Grundbuchstellung

Grundbuchstellung

Auch die Buchberechtigung, also die Eintragung im Grundbuch als Inhaber eines Rechts, ist vorteilhafte Rechtsposition i.S.d. § 812 BGB. Vorteilhaft ist sie, da sie es dem Eingetragenen ermöglicht, wirksam über das Recht zu verfügen (§ 892 BGB bei fehlender materieller Berechtigung!). 77

hemmer-Methode: Bei der Prüfung des dinglichen Grundbuchberichtigungsanspruchs aus § 894 BGB sollte man daher immer auch an den davon unabhängigen Anspruch aus §§ 812 ff. BGB denken.

cc) Auflassung

Auflassung

Sofern die Auflassung zur Bindungswirkung des § 873 II BGB führt, ist sie ebenfalls vermögenswerte Rechtsposition. 78

c) Befreiung von Verbindlichkeiten

Befreiung von Verbindlichkeiten

Die Befreiung von Verbindlichkeiten kann „erlangtes Etwas" i.S.d. § 812 BGB sein. 79

> *A erlässt B eine Schuld (§ 397 BGB), da er irrtümlich annimmt, er schulde seinerseits dem B etwas. B erlangt hier die Befreiung von einer Verbindlichkeit.*

Ein wichtiger „Dreiecksfall" ist die wirksame Leistung eines Dritten auf eine fremde Schuld i.S.d. § 267 BGB. Für den Regress gegen den eigentlichen Schuldner kommt Bereicherungsrecht in Betracht (Stichwort „Rückgriffskondiktion"). Dazu unten Rn. 159 ff.

d) Gebrauchsvorteile

Gebrauchsvorteile

Gebrauchsvorteile, und damit nicht gegenständlich erfassbare Vermögensvorteile, können auch Bereicherungsgegenstand sein. Dazu zählen bspw.: 80

⇨ Dienst-/Arbeits-/Werkleistungen,

⇨ Nutzungen einer Mietsache (wohl aber genauso erfassbar als Besitz und auf der Rechtsfolgeseite § 818 I BGB),

⇨ Unbefugte Verwertung des Fotos eines Prominenten.

ersparte Aufwendungen

Der BGH arbeitet statt mit Gebrauchsvorteilen oft mit der Figur „ersparter Aufwendungen" als Bereicherungsgegenstand. *81*

Im oben erwähnten Flugreisefall (Rn. 35) wird der Hinflug des Minderjährigen nicht über GoA ersetzt. Da ein EBV ausscheidet, stellt sich die Frage der Lösung über Bereicherungsrecht, § 812 I S. 1 BGB. Der BGH arbeitet mit ersparten Aufwendungen des Minderjährigen.

Vorzugswürdig ist aber die Klassifizierung der Flugreise als Gebrauchsvorteil. Ob sich der Minderjährige Aufwendungen erspart hat, ist dann eine Frage der Entreicherung auf Rechtsfolgenseite (§ 818 III BGB). Auf diese Weise werden die Fragen der Be- und Entreicherung sauber im System der §§ 812 ff. BGB verortet.

hemmer-Methode: Unterschiedliche Ergebnisse ergeben sich zwischen den Meinungen nicht. Sprechen Sie dieses Standardproblem daher an, aber halten Sie sich kurz.

2. „Durch Leistung"

a) Leistungsbegriff

Die Rückabwicklung von Leistungsbeziehungen zeichnet die Leistungskondiktion aus.

bewusste, zweckgerichtete Mehrung fremden Vermögens

Eine Leistung ist jede bewusste und zweckgerichtete Mehrung fremden Vermögens (sog. doppelte Finalität). *82*

Bsp.: *A verwendet versehentlich eigene Kohlen zum Heizen an Stelle der von Hauseigentümer B dafür vorgesehenen.*

Hier mehrt A zwar das Vermögen des B, aber unbewusst. Daher keine Leistung.

Schwarzfahrer

Problematisch kann das Leistungsbewusstsein bspw. bei Schwarzfahrern sein. Während bei öffentlichen Verkehrsmitten (Busse und Bahnen) ein „generelles Leistungsbewusstsein" des Betreibers gegenüber allen Mitfahrern gut vertretbar ist, so spricht bei einer individualisierten Eingangskontrolle einiges dafür, dass nur an die bekannten Passagiere geleistet werden soll (so bspw. im Flugreisefall, s.o.). Gerade bei minderjährigen Schwarzfahrern kann die Unterscheidung zwischen Leistungs- und Nichtleistungskondiktion Bedeutung i.R.d. verschärften Haftung gem. § 819 I BGB haben (Rn. 284). *83*

Leistungszweck gegenüber dem Empfänger

Wichtig ist, dass der Leistende dem Empfänger gegenüber einen Leistungszweck verfolgen muss. 84

> **Bsp.:** *A weist seine Bank B an, 100 € an C auszuzahlen um eine Forderung des C gegen ihn zu begleichen. B zahlt an C.*
>
> Dabei mehrt sie zwar bewusst das Vermögen des C. Einen Leistungszweck verfolgt sie aber nur gegenüber A, da sie ihre Vertragspflicht gegenüber diesem erfüllen will. Somit leistet B an A, aber nicht an C (bloße Zuwendung).
>
> An C wird in diesem Fall von A geleistet (Zweck: Erfüllung der Forderung). A benutzt B als Leistungsmittler.

h.M. keine geschäftsähnliche Handlung

Die Zwecksetzung ist nach h.M. eine natürliche und nicht eine rechtsgeschäftsähnliche Willensäußerung. Die Regeln über die Geschäftsfähigkeit sind daher nicht anwendbar. Nach anderer Ansicht (geschäftsähnliche Handlung) ergibt sich jedenfalls bei beschränkt Geschäftsfähigen kein anderes Ergebnis, da die Zwecksetzung rechtlich neutral sei (vgl. § 107 BGB). 85

b) Maßgeblicher Horizont

objektiver Empfängerhorizont

Für die Bestimmung der Leistungsbeziehungen kommt es nicht (nur) auf die innere Zwecksetzung eines Beteiligten an. Vielmehr ist nach h.M. der objektive Empfängerhorizont entscheidend (§§ 133, 157 BGB entsprechend). Dies wird regelmäßig in Mehrpersonenverhältnissen relevant. 86

> **Bsp.:** *Bauherr B bestellt bei Werkunternehmer U ein schlüsselfertiges Haus. U lässt Teile von Lieferant L direkt an die Baustelle liefern. U war gegenüber L als Vertreter des B aufgetreten, ohne aber Vertretungsmacht zu haben. L verlangt von B Zahlung. Zu Recht?*
>
> Vertragliche Ansprüche scheiden aus. Ebenso die berechtigte GoA, da B nur mit U kontrahiert hatte und dies so wollte.
>
> Eine Leistungskondiktion setzt eine Leistung des L an B voraus. L lieferte, um seinen vermeintlichen Vertrag mit B zu erfüllen.
>
> Dies war aber dem Bereicherten B objektiv nicht zu erkennen. Vielmehr musste B vernünftigerweise von einer Leistung des L an U ausgehen. Der Verkehrsschutz (der auch Ausdruck findet in den §§ 133, 157 BGB) erfordert, dass der Bereicherte sich als Empfänger erkennen kann.

Hingegen stellt sich die Lieferung als Leistung des U an B dar. Diese Leistungsbeziehung ist vorrangig vor einer Nichtleistungskondiktion des L gegen B.

Im Ergebnis kann L nur gegen U aus § 179 I BGB vorgehen.

3. Ohne Rechtsgrund

a) Schuldverhältnis als Rechtsgrund

Mit der Leistungskondiktion sollen aufgrund fehlenden Rechtsgrundes fehlgeschlagene Leistungen rückabgewickelt werden.

jedes Schuldverhältnis

Als Rechtsgrund i.S.d. § 812 I S. 1 Alt.1 BGB kommt jedes vertragliche oder gesetzliche Schuldverhältnis in Betracht. Dessen Existenz und Wirksamkeit ist in diesem Punkt zu prüfen. 87

Bsp. 1: *Der unerkannt Geisteskranke B kauft von A ein Auto. A übereignet das Auto an B. B erlangt Besitz (nicht Eigentum, § 105 I BGB) an dem Auto durch Leistung des A. Für diese Leistung fehlt der rechtliche Grund, da der Kaufvertrag wegen §§ 105 I, 104 Nr. 2 BGB nichtig ist.*

Bsp. 2: *A überfährt den Hund des C und zahlt Schadensersatz (§ 823 I BGB) an B, den er irrtümlich für den Eigentümer hält. Hier fehlt es gegenüber B an dem durch § 823 I begründeten gesetzlichen Schuldverhältnis. Somit fehlt der rechtliche Grund.*

b) Problem: Fehlender Rechtsgrund bei Anfechtung

Problem: Anfechtung

Für § 812 I S. 1 Alt.1 BGB muss der Rechtsgrund von Anfang an fehlen. Strittig ist, ob nach erfolgter Anfechtung § 812 I S. 1 Alt.1 BGB (wegen ex-tunc Wirkung nach § 142 BGB) oder § 812 I S. 2 Alt.1 BGB (wegen erst später erfolgter Anfechtung) einschlägig ist. 88

Dieser Streit ist dann (und nur dann) relevant, wenn der Leistende die Anfechtbarkeit des Rechtsgeschäftes kannte. Denn dann ist bei § 812 I S. 1 Alt.1 BGB die Rückforderung nach § 814 BGB (i.V.m. § 142 II BGB) ausgeschlossen. Auf einen Anspruch aus § 812 I S. 2 Alt.1 BGB ist § 814 BGB jedoch nicht anwendbar.

hemmer-Methode: Regelmäßig müssen Sie sich nicht entscheiden: Für den Fall, dass der Schuldner nicht der Anfechtungsberechtigte ist, kann i.Ü. argumentiert werden, dass § 814 BGB selbst bei § 812 I S. 1 Alt.1 keine Anwendung findet. Denn hinter § 814 BGB steht der Gedanke des Verbots widersprüchlichen Verhaltens („venire contra factum proprium"). Ist der Schuldner aber nicht anfechtungsberechtigt, so kann er die Leistung nicht verweigern, solange nicht der andere angefochten hat. Er verhält sich also mit seiner Leistung nicht widersprüchlich zum späteren Rückverlangen. – Leistet der Anfechtungsberechtigte in Kenntnis der Anfechtbarkeit, so mag darin bereits eine Bestätigung des Rechtsgeschäfts i.S.d. § 144 BGB liegen. 89

Anmerkung: Vgl. zur Anspruchsgrundlage bei Anfechtung Hemmer/Wüst, Die 42 wichtigsten Fälle zur GoA und zum Bereicherungsrecht, Fall 12.

c) Kondiktion bei bestehendem Rechtsgrund, § 813 BGB

dauernde Einreden

Im Falle des § 813 I S. 1 BGB (nur auf § 812 I S. 1 Alt.1 BGB anwendbar) kann trotz des eigentlichen Bestehens eines rechtlichen Grundes die Leistung zurückgefordert werden, wenn der Forderung zur Zeit der Leistung eine dauerhafte (=peremptorische) Einrede entgegenstand. Dauerhafte Einreden sind bspw. §§ 821, 853, 242 BGB, nicht aber §§ 273, 320 BGB. 90

nicht bei Verjährung

Achtung Falle: Dies gilt nicht im Falle einer verjährten Forderung, wie sich aus §§ 813 I S. 2, 214 II BGB ergibt: 91

S zahlt 100 € in bar auf die verjährte Kaufpreisforderung des G. Als er später erkennt, dass die Forderung bereits verjährt war, ärgert er sich und verlangt Rückzahlung von G aus § 812 I S. 1 Alt.1 BGB.

G hat hier Eigentum und Besitz am Geld durch Leistung des S erlangt. Dafür besteht zwar grds. ein Rechtsgrund (§ 433 II BGB). § 813 I S. 1 BGB erlaubt die Rückforderung aber auch dann, wenn der Forderung eine dauerhafte Einrede entgegenstand. Eine solche ergibt sich aus der Verjährung, § 214 I BGB. § 813 I S. 2 BGB i.V.m. § 214 II BGB schließt die Anwendung des § 813 I S. 1 BGB aber für den Fall der Verjährung aus. Somit kann S die Rückzahlung nicht verlangen.

nicht bei unwirksamem Rücktritt

hemmer-Methode: Dies gilt i.Ü. auch für den unwirksamen Rücktritt i.S.d. § 218 I BGB. Bsp. Kaufvertrag: Der Verkäufer kann sich darauf berufen, dass der vom Käufer erklärte Rücktritt wegen Verjährung des Nacherfüllungsanspruches unwirksam ist, §§ 438 IV S. 1, 218 I BGB. Hat der Verkäufer zuvor schon den Kaufpreis zurückerstattet, so kann er diesen nicht nach § 812 I S. 1 Alt.1 i.V.m. § 813 I S. 1 BGB zurückfordern, auch wenn dem Rückgewährschuldverhältnis bei Leistung § 218 I BGB entgegengehalten werden konnte. Dies ergibt sich aus §§ 813 I S. 2, 214 II, 218 II BGB. Für den Käufer, der den Bestand des Rückgewährschuldverhältnisses nicht beeinflussen kann, gilt § 813 I S. 2 BGB aber nicht. 92

§ 813 I S. 1 BGB ist nicht anwendbar, wenn die dauerhafte Einrede erst nach der Leistung entstanden ist. 93

nicht, wenn dauerhafte Einrede erst nach Zahlung entsteht

Käufer K hat den Kaufpreis bezahlt und verlangt diesen nach verspätetem Rücktritt zurück. Dem Anspruch aus § 346 I BGB kann Verkäufer V die Unwirksamkeit des Rücktritts entgegenhalten, §§ 438 IV S. 1, 218 I BGB.

§ 438 IV S. 2 BGB gewährt K aber eine dauerhafte Einrede gegenüber dem Kaufpreisanspruch, sodass an §§ 812 I S. 1 Alt.1, 813 I S. 1 BGB zu denken ist.

Bei Zahlung des Kaufpreises stand dem Anspruch des V aber nur ein vorübergehendes Leistungsverweigerungsrecht zu (§ 320 BGB). Das bloße Rücktrittsrecht gewährt keine Einrede. Die dauernde Einrede aus § 438 IV S. 2 BGB setzt voraus, dass der Kaufpreis noch nicht gezahlt wurde.

(I.Ü. würde die mit § 813 BGB erzielte rücktrittsähnliche Wirkung die Unwirksamkeit des Rücktritts umgehen.)

nicht bei Anfechtungsrecht

Ebenso nicht anwendbar ist § 813 I S. 1 BGB bei der Anfechtung. Ebenso wie beim Rücktritts*recht* gilt: Gestaltungsrechte sind keine Einreden, sie müssen ausgeübt werden! 94

4. Ausschluss

a) Ausschluss nach § 814 BGB

Die Rückforderung einer Leistung ist in den Fällen des § 814 BGB ausgeschlossen. § 814 BGB ist nur auf § 812 I S. 1 Alt.1 BGB anwendbar.

fehlende Leistungspflicht

Relevant ist insb. die erste Alternative: Der Leistende wusste, dass keine Leistungspflicht bestand. 95

positive Kenntnis der Rechtslage

Für § 814 BGB muss der Leistende „positive Kenntnis“ davon haben, dass keine Leistungspflicht besteht. Dies setzt keine exakte juristische Beurteilung voraus, sondern nur richtige „Parallelwertung in der Laiensphäre“. Der Leistende muss also zum Schluss gekommen sein, nicht verpflichtet zu sein. Die bloße Kenntnis der Tatsachen, die ihn zu einem solchen Schluss verleiten könnten, reicht nicht.

Führen Einwendungen zum Nichtbestehen der Leistungspflicht, muss sich die Kenntnis auf alle möglichen Einwendungen beziehen. Auch hier gilt § 142 II BGB (beachte aber Rn. 88 f.).

hemmer-Methode: Wird der Schuldner bei der Leistung „vertreten“, so kommt es auf die Kenntnis des Vertreters an (vgl. § 166 I BGB, beachte aber auch § 166 II S. 1 BGB).

Ausnahmen

§ 814 BGB gilt trotz Kenntnis von der Nichtschuld nicht bei: 96

- einer Leistung unter Vorbehalt und
- wenn die Leistung in Erwartung einer Heilung des Rechtsgeschäftes vorgenommen wird.

Ganz allgemein gilt § 814 BGB seinem Sinn und Zweck nach nicht, wenn kein Fall widersprüchlichen Verhaltens vorliegt (s. auch oben Rn. 89).

b) Ausschluss nach § 817 S. 2 BGB

verwerflicher Empfang

§ 817 S. 2 BGB gilt für *alle* Fälle der Leistungskondiktion. Vgl. dazu unten Rn. 125. 97

c) Ausschluss nach § 241a BGB

unbestellte Waren

Sofern man die Fälle der Zusendung unbestellter Waren in der Hoffnung der Begründung einer Verbindlichkeit als Fall des § 812 I S. 1 BGB (statt § 812 I S. 2 Alt.2 BGB) ansieht, kann der Anspruch nach § 241a BGB ausgeschlossen sein. Siehe dazu Rn. 117. 98

II. Leistungskondiktion gem. § 812 I S. 2 Alt.1 BGB

Der Anspruch aus § 812 I S. 2 Alt.1 BGB unterscheidet sich von dem zuvor behandelten dadurch, dass im Zeitpunkt der Leistung ein rechtlicher Grund vorhanden war und dieser erst nach der Leistung entfallen ist.

Voraussetzungen: 99

⇨ etwas erlangt

⇨ durch Leistung

⇨ späterer Wegfall des rechtlichen Grundes

⇨ kein Ausschluss (§ 817 S. 2 BGB)

Für die Merkmale „etwas erlangt" und „durch Leistung" wird nach oben verwiesen.

nachträglicher Wegfall des Rechtsgrundes

Ein nur nachträglicher Wegfall des Rechtsgrundes liegt bspw. vor bei: 100

⇨ Eintritt einer auflösenden Bedingung

⇨ Vertragsaufhebung (str.)

⇨ Leistungen nur vorläufiger Art

⇨ Widerruf einer vollzogenen Schenkung §§ 530, 531 II BGB.[4]

> ***Bsp. auflösende Bedingung:*** *V verkauft dem K einen Tank mit 1.000 Litern Frankenwein unter der Bedingung, dass der Wein bei einem internationalen Wettbewerb nicht prämiert werden wird. Der Tank wird unbedingt übergeben und übereignet.*
>
> Wird der Wein doch prämiert, so entfällt (mit ex-nunc-Wirkung!) der Rechtsgrund. V kann dann den Tank gem. § 812 I S. 2 Alt.1 BGB zurückverlangen.

hemmer-Methode: Beachten Sie die Abgrenzung zu anderen Rechtsinstituten. War ein Rücktrittsrecht vereinbart und wird dieses ausgeübt, so entfällt der Rechtsgrund nicht nachträglich, denn das ursprüngliche Schuldverhältnis wird umgestaltet in ein Rückgewährschuldverhältnis, geregelt durch §§ 346 ff. BGB. Dasselbe gilt für die Störung der Geschäftsgrundlage nach § 313 BGB. Sowohl bei Anpassung des Vertrages als auch bei Rücktritt (§ 313 III S. 1 BGB) gilt daher kein Bereicherungsrecht. Wegen § 357 I BGB gilt dies auch für den Widerruf gem. § 355 BGB.

[4] Zum Streit bei der Anfechtung siehe Rn. 88.

Anmerkung: Vgl. zur Anfechtung Hemmer/Wüst, Die 42 wichtigsten Fälle zur GoA und zum Bereicherungsrecht, Fall 12.

Schließlich darf der Anspruch nicht ausgeschlossen sein. §§ 814 und 815 BGB gelten hier nicht. § 817 S. 2 BGB gilt zwar für alle Leistungskondiktionen, wird hier aber wohl selten relevant. *101*

III. Leistungskondiktion gem. § 812 I S. 2 Alt.2 BGB

§ 812 I S. 2 Alt.2 (Zweckverfehlungskondiktion oder auch condictio ob rem) gewährt einen Bereicherungsanspruch, wenn ein mit einer Leistung angestrebter Zweck nicht erreicht wird.

Voraussetzungen: *102*

⇨ etwas erlangt

⇨ durch Leistung

⇨ Nichteintritt eines mit der Leistung verbundenen Zwecks

⇨ kein Ausschluss (§§ 815, 817 S. 2 BGB)

1. Grundsätze zum bezweckten Erfolg

Abgrenzung zu anderen Rechtsinstituten

Bei § 812 I S. 2 Alt.2 BGB ist immer die Abgrenzung zu anderen Rechtsinstituten problematisch. Aus diesen Abgrenzungsfragen ergibt sich der Grundsatz, dass ein Fall der Zweckverfehlungskondiktion vorliegt, wenn der nicht erreichte Zweck: *103*

⇨ über den bloßen Erfüllungszweck hinausgeht (⇨ sonst § 812 I S. 1 Alt.1 BGB);

⇨ nicht nur darin besteht, den anderen zur geschuldeten Gegenleistung zu bewegen (⇨ geregelt in §§ 320 ff. BGB);

⇨ nicht so bedeutend ist, dass von einer Wirksamkeitsbedingung ausgegangen werden muss (⇨ dann Rückabwicklung über § 812 I S. 2 Alt.1 BGB);

⇨ trotzdem ein (stillschweigend) vereinbarter Zweck ist und nicht ein bloß einseitiges Motiv oder von den Parteien (unvereinbart) vorausgesetzt wird (⇨ bei letzterem Anwendung von § 313 BGB);

⇨ nicht bereits vom Gesetz vorgegeben ist (⇨ dann kein Raum für weitere Vereinbarung).

2. Fallgruppen

3 Fallgruppen

Für die Anwendung des § 812 I S. 2 Alt.2 BGB gibt es drei Fallgruppen: 104

⇨ Austauschverträge, die mit einem weiteren Zweck (*interne causa*) verknüpft sind

⇨ Unentgeltliche Leistungen, die mit der Erwartung an ein bestimmtes nicht geschuldetes Verhalten des Empfängers verbunden sind

⇨ Vorleistungen im Hinblick auf ein in Aussicht genommenes Rechtsverhältnis

a) Austauschverträge mit weiterem Zweck

umstritten

Über die Berechtigung dieser Fallgruppe herrscht Streit. 105
Nach einer Meinung ist die Zweckverfehlungskondiktion auf solche Fälle beschränkt, in denen die Leistung nicht auf eine Verpflichtung hin erfolgt.

Das Nichterreichen von weitergehenden Zwecken muss mit anderen Mitteln geltend gemacht werden. Versagen diese, so bleiben die Nachteile beim Leistenden.

> **Bsp.:** *Andere Mittel sind bspw. vertragsimmanente Klauseln (insb. Bedingungen; deren Nichteintritt führt zu § 812 I S. 2 Alt.1), Mängelrechte, Irrtumsanfechtung (dann § 812 I S. 1 Alt.1 BGB, str.) und die Störung der Geschäftsgrundlage.*

h.M.: „Anstaffelungstheorie“

Die h.M. erkennt jedoch die Möglichkeit an, neben dem ei- 106
gentlichen Erfüllungsgrund einen weiteren Leistungsgrund zu schaffen („Anstaffelungstheorie“).

Vertragsfreiheit

Die Vertragsfreiheit erlaubt den Parteien grundsätzlich die Vereinbarung beliebiger Zwecke, somit auch solcher, deren Nichterreichen lediglich einen Bereicherungsanspruch begründet. Das Gesetz sieht in § 812 I S. 2 Alt.2 BGB keine Beschränkung vor.

Bsp.: F, ein Förderer des Sports, verkauft sein Grundstück zu einem besonders günstigen Preis an die Stadt in beiderseitiger Erwartung, dass die Stadt dort einen Sportplatz bauen wird. Die Stadt baut stattdessen eine Lagerhalle. 107

Hier kann man einerseits eine Zweckvereinbarung mit dem Inhalt annehmen, dass F leistet, damit die Stadt den Sportplatz baut.

Der Fall lässt sich aber je nach Auslegung (und evtl. weiteren Angaben im Sachverhalt) aber auch mit einer konkludenten Bedingung oder über eine Störung der Geschäftsgrundlage lösen. Nach der ersten Ansicht sind diese Lösungswege abschließend.

hemmer-Methode: Nach der herrschenden Meinung verschwimmt die Abgrenzung des § 812 I S. 2 Alt.2 BGB zu anderen Rechtsinstituten. Entscheiden Sie sich klausurtaktisch. Im Beispielsfall schneiden Sie sich bei keinem der Lösungswege das Problem der aufgedrängten Bereicherung bei Rückgabe des Grundstücks ab.

Achtung: Die Mindermeinung schließt nur Zwecke neben der Leistung zur Erfüllung aus. Neben einem Austauschvertrag können aber nicht vereinbarte Leistungen vorgenommen werden, die eigene Zwecke verfolgen. 108

Merke: Vgl. zu dieser Konstellation Hemmer/Wüst, Die 42 wichtigsten Fälle zur GoA und zum Bereicherungsrecht, Fall 15.

Erfüllung einer Leistungspflicht kein Zweck i.S.d. § 812 I S. 2 Alt.2 BGB

Allgemein anerkannt ist, dass jedenfalls die Erfüllung einer Leistungspflicht kein Zweck i.S.d. § 812 I S. 2 Alt.2 BGB ist. 109
Gleichermaßen ist unzureichend, dass geleistet wurde, um den anderen Vertragspartner zu seiner geschuldeten Leistung zu bewegen. Dafür sind §§ 320 ff. BGB eine abschließende Regelung.

Zahlt Käufer K den Kaufpreis, damit Verkäufer V die Kaufsache übereignet, so hat er keinen Bereicherungsanspruch, wenn V seiner Pflicht nicht nachkommt.

Merke: Vgl. insgesamt zu dieser Fallgruppe Hemmer/Wüst, Die 42 wichtigsten Fälle zur GoA und zum Bereicherungsrecht, Fälle 14 und 15.

b) Unentgeltliche Leistungen in Erwartung eines nicht geschuldeten Verhaltens

Erwartung eines nicht geschuldeten Verhaltens

Relativ unproblematisch erfasst sind unentgeltliche (bzw. nicht geschuldete) Leistungen in Erwartung eines nicht geschuldeten Verhaltens. 110

> **Bsp.:** *A unterstützt seine kranke Tante T finanziell während ihrer letzten Lebensjahre. Beide gehen davon aus, dass A später das Haus der T erben soll. T setzt jedoch E als Alleinerben ein. A hat einen Anspruch aus § 812 I S. 2 Alt.2 BGB.*

Abgrenzung

hemmer-Methode: Auch hier müssen Sie in der Fallbearbeitung abgrenzen. Es könnte je nach Sachverhaltslage auch ein Vertrag (Unterstützung gegen Erbeinsetzung) vorliegen, der aber wegen § 2301 BGB i.V.m. § 2276 BGB unwirksam wäre (Anspruch aus § 812 I S. 1 Alt.1 BGB), oder aber eine bedingte Schenkung (Anspruch aus § 812 I S. 2 Alt.1 BGB) oder aber ein bloß einseitiges Motiv (kein Anspruch). 111

Merke: Vgl. zu dieser Fallgruppe Hemmer/Wüst, Die 42 wichtigsten Fälle zur GoA und zum Bereicherungsrecht, Fall 16.

c) In Aussicht genommenes Rechtsverhältnis

in Aussicht genommenes Rechtsverhältnis

Ein vereinbarter Zweck i.S.d. § 812 I S. 2 Alt.2 BGB kann auch darin liegen, die Grundlage für ein in Aussicht stehendes Rechtsverhältnis zu schaffen. 112

> **Bsp.:** *Bauunternehmer B beginnt nach Vorbesprechungen mit dem Bauherrn H mit den Bauarbeiten. Der verhandelte Vertrag wird aber nie abgeschlossen.* 113

> Auch Leistungen, die in der Zusendung unbestellter Waren liegen, sind in diese Fallgruppe einzuordnen. 114

> *Oder auch: V und K schließen einen notariellen Kaufvertrag über ein Grundstück, geben aber zur Steuerersparnis einen geringeren Kaufpreis an. Sie wissen, dass der beurkundete Vertrag gem. § 117 I BGB nichtig ist und der eigentlich gewollte gem. §§ 311b I S. 1, 125 BGB nichtig ist. In der beiderseitigen Erwartung einer Heilung des Vertrages durch Durchführung (§ 311b I S. 2 BGB) leistet K eine Anzahlung. Zu einer Heilung kommt es aber nie.* 115

Merke: Die vollständige Lösung eines vergleichbaren Falles finden Sie in Hemmer/Wüst, Die 42 wichtigsten Fälle zur GoA und zum Bereicherungsrecht, Fall 17.

Beachten Sie auch hier die Abgrenzung zu schon bestehenden vertraglichen Ansprüchen oder bloß einseitigen Erwartungen einer Partei.

3. Ausschluss der Zweckverfehlungskondiktion

§ 815 BGB

Für die Zweckverfehlungskondiktion ist insbesondere der Ausschlusstatbestand des § 815 BGB von Bedeutung. § 815 BGB findet nur bei der Zweckverfehlungskondiktion Anwendung (vgl. Wortlaut). 116

§ 815 BGB ist wie andere Ausschlusstatbestände eine Ausprägung des Verbots widersprüchlichen Verhaltens.

Kenntnis der Unmöglichkeit des Erfolges

Zum einen ist die Rückforderung ausgeschlossen, wenn der Leistende wusste, dass der Erfolgseintritt von Anfang an unmöglich war (§ 815 Alt.1 BGB). Dafür ist positive Kenntnis erforderlich. Doch selbst wenn der Leistende das Erfolgshindernis kennt, ist § 815 BGB unanwendbar, wenn der Leistende auf einen später möglichen Erfolg hofft. 117

Im Falle unbestellt zugesandter Waren in der Hoffnung eines Vertragschlusses, greift § 815 BGB regelmäßig nicht ein, da ein Vertragsschluss nicht von Anfang an unmöglich erscheint. Diese Lücke füllt § 241a I BGB.

treuwidriges Verhindern

Zum anderen darf der Leistende den Erfolgseintritt nicht selbst treuwidrig verhindern (§ 815 Alt.2 BGB). Nicht treuwidrig ist es, sich auf vom Gesetz vorgesehene Rechtsfolgen zu berufen. 118

War es vereinbarter Zweck einer Zahlung einen formnichtigen Grundstückskaufvertrag zu heilen (Rn. 115), so ist es nicht treuwidrig, wenn K die Übereignung bewusst verhindert, weil er es sich anders überlegt hat. Denn gerade das soll § 311b I S. 1 BGB erreichen.

IV. Leistungskondiktion gem. § 817 S. 1 BGB

verwerflicher Empfang

Ein Fall der Leistungskondiktion liegt auch vor, wenn der Leistungsempfänger mit der Annahme der Leistung gegen ein gesetzliches Verbot oder die guten Sitten verstößt, § 817 S. 1 BGB. Wie jede Leistungskondiktion setzt auch § 817 S. 1 BGB voraus, dass etwas durch Leistung erlangt wurde. 119

Voraussetzungen: 120

⇨ etwas erlangt

⇨ durch Leistung

⇨ Verstoß des Empfängers durch die Annahme gegen ein gesetzliches Verbot oder die guten Sitten

⇨ kein Ausschluss (§ 817 S. 2 BGB)

1. Verstoß des Empfängers

Verstoß des Empfängers

Zentrales Problem im § 817 S. 1 BGB ist der Verstoß des Empfängers gegen ein gesetzliches Verbot oder die guten Sitten.

Hauptzweck der Leistung

Der Hauptzweck der Leistung muss den Verstoß durch die Annahme begründen. 121

> **Bspe.:** *Annahme von Geld zur Beschaffung eines Amtes/Ordens; Annahme von Schmier- oder Bestechungsgeldern; Annahme von Schutzgeldzahlungen; Annahme von Zahlungen auf einen Wucherkredit.*

Merke: Vgl. auch Fälle 10 und 18 in Hemmer/Wüst, Die 42 wichtigsten Fälle zur GoA und zum Bereicherungsrecht (Stichworte „Titelkauf" und „Schwarzarbeit"). Rufen Sie sich in diesem Zusammenhang noch einmal die dort auftretenden Probleme der GoA in Erinnerung (Rn. 18 ff.).

hemmer-Methode: Der *praktische* Anwendungsbereich des § 817 S. 1 BGB ist gering. Denn oft wird mit dem Verstoß bei der Annahme eine Nichtigkeit des Kausalgeschäfts nach §§ 134 bzw. 138 BGB einhergehen. 122
Dann liegt schon ein Fall des § 812 I S. 1 Alt.1 BGB vor. Dies schließt aber § 817 S. 1 BGB nicht aus. Sie müssen also beide Ansprüche prüfen. Beachten Sie, dass nur bei § 812 I S. 1 Alt.1 BGB der Ausschlusstatbestand des § 814 BGB greift.

Dass gerade die Annahme den Verstoß begründen muss, heißt aber nicht, dass deswegen das *dingliche* Rechtsgeschäft zwingend nichtig sein müsste. 123

positive Kenntnis

Der Empfänger muss grds. positive Kenntnis von dem Gesetzesverstoß oder der Sittenwidrigkeit haben. Das bloße „Kennenmüssen" ist unzureichend. 124

Beachten Sie aber, dass es der BGH ausreichen lässt, dass der Empfänger leichtfertig die Augen vor der Erkenntnis der Sittenwidrigkeit/des Gesetzesverstoßes verschließt

2. Ausschluss nach § 817 S. 2 BGB

Verstoß des Leistenden

a) Der Anspruch aus § 817 S. 1 BGB ist gem. § 817 S. 2 BGB ausgeschlossen, wenn dem Leistenden (gleichfalls) ein Verstoß der beschriebenen Art zur Last fällt. 125

§ 817 S. 2 BGB gilt darüber hinaus aber für sämtliche Leistungskondiktionen. Er gilt im Übrigen auch dann, wenn (entgegen dem Wortlaut „gleichfalls“) ein Verstoß des Annehmenden nicht vorliegt.

Über das Bereicherungsrecht hinaus ist § 817 S. 2 BGB aber wegen seines Ausnahmecharakters nicht analogiefähig.

positive Kenntnis des Leistenden

Für das Vorliegen von § 817 S. 2 BGB muss der Leistende bewusst sittenwidrig handeln bzw. gegen das Verbotsgesetz verstoßen. Leichtfertiges ignorieren dieser Tatsache ist aber wiederum ausreichend. 126

vorübergehende Vermögens-mehrungen

b) Ein Problem ergibt sich bei Leistungen, die nicht endgültig, sondern nur vorübergehend in das Vermögen des Empfängers übergehen sollen. 127

„Wucherdarlehen“

Ein „Klassiker“ ist hier das Wucherdarlehen (§§ 488, 138 II BGB): 128

> *Der Darlehensgeber (DG) hat hier grds. wegen der Nichtigkeit des Darlehensvertrages einen Anspruch aus § 812 I S. 1 Alt.1 BGB (nicht § 817 S. 1 BGB, da die Annahme durch Darlehensnehmer (DN) nicht sittenwidrig ist!).*
>
> *DG soll darüber zwar nicht die wucherischen Zinsen verlangen können. Die Darlehenssumme soll aber letztlich nicht beim DN verbleiben. Dieses unbillige Geschenk würde den Strafcharakter des § 817 S. 2 BGB übertreiben.*

Überlassung der Verfügungsmöglichkeit

Dies wird damit begründet, dass als Leistung i.S.d. § 817 S. 2 BGB nur solche Zuwendungen anzusehen sind, die nach dem Vertragsverhältnis endgültig in das Vermögen des Empfängers übergehen sollen. Leistung ist daher nicht die Übereignung/Gutschrift des Geldes als solche, sondern vielmehr nur die Überlassung bzw. Verfügungsmöglichkeit über das Geld auf Zeit. 129

Daraus ergibt sich, dass ein Anspruch auf Rückzahlung (§ 812 I S. 1 Alt.1 BGB) erst besteht, wenn die Darlehensdauer abgelaufen ist, denn davor schließt § 817 S. 2 BGB die Rückforderung (der Überlassung auf Zeit) aus.

Zinszahlungen (= Nutzungen, §§ 812 I S. 1 Alt.1, 818 I BGB) sind ebenfalls für die Überlassungsdauer ausgeschlossen.

angemessenes Entgelt?

hemmer-Methode: Hier wird letztlich mit Wertungen argumentiert. Daher wird zum Teil vertreten, dass zumindest ein angemessenes Entgelt zu entrichten ist. Dies kommt aber einer bei § 138 BGB unzulässigen geltungserhaltenden Reduktion gleich. Beachten Sie aber, dass im Parallelfall „Wuchermiete" ein EBV besteht, aufgrund dessen der Mieter ggf. Nutzungen ersetzen muss, §§ 987, 990 BGB. *130*

schwererer Verstoß des Empfängers

c) Eine generelle Einschränkung des § 817 S. 2 BGB wird im Übrigen für die Fälle erwogen, in denen zwar ein beiderseitiger Verstoß gegeben ist, der des Empfängers aber deutlich schwerer wiegt, sodass der Leistende schutzwürdiger erscheint (§ 242 BGB). So soll z.B. der Schwarzarbeiter trotz Vorliegens des § 817 S. 2 BGB Zahlung für die Arbeitsleistung verlangen können, weil es unbillig ist, ihm das werkvertragliche Vorleistungsrisiko allein tragen zu lassen und in der Regel der Antrieb für den Vertrag vom Auftraggeber kommt. *131*

C. Die Nichtleistungskondiktion

Nichtleistungskondiktionen finden auf den Fall Anwendung, dass der Bereicherungsgegenstand nicht durch Leistung des Anspruchstellers, sondern „auf sonstige Weise" erworben wurde.

Achtung: Subsidiarität

Als Merkposten: Bei der Prüfung einer Nichtleistungskondiktion ist immer (zumindest gedanklich) der Grundsatz der Subsidiarität gegenüber einer Leistungsbeziehung zu berücksichtigen. *132*

Merke: Einzelheiten dazu unten (Rn. 204 ff.) i.R.d. Behandlung von Mehrpersonenverhältnissen.

I. Allgemeine Eingriffskondiktion, § 812 I S. 1 Alt.2 BGB

Die Eingriffskondiktion des § 812 I S. 1 Alt.2 BGB regelt den Fall, dass der Bereicherungsgegenstand 133

- ⇨ durch eine Handlung des Bereicherten
- ⇨ durch eine Handlung Dritter, oder
- ⇨ ohne menschliches Zutun (Naturereignisse)

erworben wird.

Voraussetzungen: 134

- ⇨ etwas erlangt
- ⇨ in sonstiger Weise (Eingriff in den Zuweisungsgehalt)
- ⇨ auf Kosten des Gläubigers
- ⇨ ohne Rechtsgrund

1. Bereicherungsgegenstand

Zum Bereicherungsgegenstand kann nach oben verwiesen werden. Beachten Sie das dort (Rn. 76) bereits angesprochene Problem, dass für die Nichtleistungskondiktionen nur der mit einem Recht zum Besitz unterlegte Besitz Bereicherungsgegenstand sein kann (Besitzschutz geht vor!). 135

2. In sonstiger Weise

in sonstiger Weise

Nach dem Wortlaut des § 812 I S. 1 BGB muss der Bereicherungsgegenstand nicht durch Leistung, sondern „in sonstiger Weise" erworben worden sein.

Eingriff in den Zuweisungsgehalt

Nach h.M. ist dies der Fall, wenn ein Eingriff in ein Recht vorliegt, dessen wirtschaftliche Verwertung nach der Rechtsordnung einem anderen zugewiesen ist („Lehre vom Zuweisungsgehalt"). 136

Dabei ist im Einzelfall zu untersuchen, ob die beeinträchtigte Rechtsposition einen Zuweisungsgehalt hat.

absolute Rechte

a) Absoluten Rechten (insb. Eigentum, beschränkt dingliche Rechte) kommt regelmäßig ein Zuweisungsgehalt zu. 137

unberechtigte Untervermietung

Achtung bei der unberechtigten Untervermietung: 138

Zwar ist das Eigentum an der Mietwohnung dem Vermieter (V) zugewiesen; des Gebrauchsrechts hat sich V aber zugunsten des Mieters (M) vollständig begeben.

Daran ändert auch nichts, dass der Vermieter die Untervermietung untersagen kann, denn dieses Recht steht nicht im Belieben des Vermieters. Damit ergibt es sich nicht (allein) aus der Güterzuordnung. (Vgl. auch §§ 549 I, 541, 543 II S. 1 Nr. 2 BGB: Vertragsrecht gewährt dem V nur einen Anspruch auf Unterlassung oder ein Kündigungsrecht).

Eine Eingriffskondiktion wegen der Untermiete (§§ 812 I S. 1 Alt.2, 818 I BGB) scheitert daher.

hemmer-Methode: Umfassende Fallbearbeitung: Vertrag (s.o.), EBV (Recht zum Besitz), GoA (§ 687 II BGB, nur wenn Mieter als Eigentümer auftritt), Delikt (§ 823 I, kein Eingriff ins Eigentumsrecht, da V sich der Nutzungsmöglichkeit begeben hat). Im Ergebnis geht V daher nach h.M. leer aus. 139

Merke: Bearbeiten Sie zur Untermiete Hemmer/Wüst, Die 42 wichtigsten Fälle zur GoA und zum Bereicherungsrecht, Fall 20.

allgemeines Persönlichkeitsrecht

b) Problematisch ist weiter das allgemeine Persönlichkeitsrecht. Da dieses zunehmend kommerzialisiert wird, sollte ihm, soweit diese Kommerzialisierung reicht, auch ein Zuweisungsgehalt zugesprochen werden. 140

Bsp.: *Verwertung des Bildes eines Prominenten zu Werbezwecken.*

hemmer-Methode: Vergessen Sie auch hier nicht das Deliktsrecht, § 823 I BGB (Rn. 312) sowie die GoA, § 687 II BGB.

kein Zuweisungsgehalt beim ReaG

c) Dem Recht am eingerichteten und ausgeübten Gewerbebetrieb (ReaG) wird jedoch (trotz des Schutzes *gleich* einem absoluten Recht über § 823 I BGB) kein Zuweisungsgehalt beigemessen. 141

Anmerkung: Zum Teil wird das Merkmal „in sonstiger Weise“ auch als rechtswidriger Eingriff in ein Recht definiert. Dieser Ansatz ist aber oft wenig brauchbar. Eine Diskussion wird in der Klausur i.d.R. nicht verlangt. Konzentrieren Sie sich also auf die wirklich wichtigen Probleme. 142

3. Auf Kosten des Anspruchstellers

Eingriffsobjekt dem Anspruchsteller zugewiesen?

Im Tatbestandsmerkmal „auf dessen Kosten“[5] wird nach der Lehre vom Zuweisungsgehalt maßgeblich der Gläubiger des Anspruchs bestimmt. 143

Es muss keine Vermögenseinbusse aufseiten des Anspruchstellers vorliegen. Stattdessen ist zu fragen, ob die Rechtsposition, in die eingegriffen wurde, dem Anspruchsteller zugewiesen war. 144

4. Ohne Rechtsgrund

Regelmäßig fehlt bei dem Eingriff in eine Rechtsposition, die einem andern zugewiesen ist, auch der rechtliche Grund für das Behaltendürfen des Bereicherungsgegenstandes.

Gesetz oder abgeleitetes Recht

Ein Behaltensgrund kann sich aus Gesetz ergeben oder aus einem vom Berechtigten abgeleiteten Recht. 145

Bspe.:

⇨ *Gutgläubiger Eigentumserwerb (§§ 932 ff. BGB)*

⇨ *Nachträgliche Zustimmung des Betroffenen.*

II. Insb.: Verwendungskondiktion, § 812 I S. 1 Alt.2 BGB

Aufwendungen auf fremde Sachen

Die sog. Verwendungskondiktion kommt zur Anwendung, wenn jemand Aufwendungen aus eigenen Mitteln auf Sachen eines anderen macht. 146

> ***Bsp.:*** *Winzer W besprüht versehentlich ein angrenzendes Feld mit Schädlingsbekämpfungsmitteln, als er vom Hubschrauber sein eigenes Feld besprühen will.*

Der Begriff „Verwendungskondiktion“ bezeichnet (i.d.R.) einen Anwendungsfall des § 812 I S. 1 Alt.2 BGB. Es ergeben sich dann dieselben Prüfungspunkte wie bei der Eingriffskondiktion. 147

[5] Dieses Merkmal ist bei der Leistungskondiktion nicht zu prüfen.

Voraussetzungen: 148

⇨ etwas erlangt

⇨ in sonstiger Weise (Verwendung als „Selbsteingriff")

⇨ auf Kosten des Gläubigers (des Verwendenden)

⇨ ohne Rechtsgrund

„Selbsteingriff"

Der „Eingriff" in den Zuweisungsgehalt wird hier vom Verwendenden (Anspruchsteller) selbst vorgenommen. 149

Dafür ist die Verwendungskondiktion nicht der einzige Fall: Ergeben sich in Dreiecksbeziehungen in Ausnahmen regelwidrige Direktkondiktionen im Zuwendungsverhältnis, ohne dass eine Leistung vorliegt (unten Rn. 209 ff.), so handelt es sich um eine vergleichbare Situation: Der Anspruchsteller greift quasi in den eigenen Rechtsbereich ein. 150

hemmer-Methode: Die Verwendungskondiktion ist ein viel gebrauchter Begriff, kein Tatbestand für sich! Hüten Sie sich bei freiwilligen Aufwendungen pauschal eine „Verwendungskondiktion" als Eingriffskondiktion zu prüfen. Vielmehr können Verwendungen auch als Leistung („bewusste Mehrung fremden Vermögens") vorgenommen werden. Dann ist selbstverständlich eine Leistungskondiktion zu prüfen. Vgl. dazu den Beispielsfall Rn. 153.

Vorrangige Rechtsinstitute

1. In Verwendungsfällen ist die Prüfung regelmäßig nicht mit einer bereicherungsrechtlichen Verwendungskondiktion zu beginnen. *Vorrangig sind nach allgemeinen Grundsätzen*: 151

Vertrag

Vertragliche Ansprüche. Dabei finden sich in §§ 536a II Nr. 2, 459, 601, 347 II S. 1 BGB gesetzliche Spezialregeln.

GoA

Berechtigte GoA, §§ 677, 683, 670 BGB. Bei unberechtigter GoA verweist § 684 S. 1 BGB ins Bereicherungsrecht.

EBV

Auch Ansprüche aus § 994 f. BGB können bei einem EBV vorliegen. Zur problematischen Sperrwirkung des EBV gleich.

Spezialfall § 951 I BGB

2. Ein gesetzlicher Spezialtatbestand findet sich in § 951 I BGB. Verliert der Eigentümer bei der Verwendung durch Verbindung oder Vermischung sein Eigentum, so kann er nach den Vorschriften über die ungerechtfertigte Bereicherung Ausgleich dafür verlangen. 152

Bsp.: Vermieter V hat seine Wohnung an Mieter M vermietet. Statt Mietzahlungen in bar ist vereinbart, dass M das Haus renovieren soll, was M auch tut. Der Vertrag ist jedoch nichtig. 153

In Betracht kommen hier grds. Ansprüche des M gegen V aus §§ 951 I i.V.m 812 I S. 1 (Alt. 1!) BGB.

Rechtsgrundverweisung

§ 951 I BGB ist nach h.M. eine Rechtsgrundverweisung. Dementsprechend sind die Voraussetzungen des Bereicherungsanspruchs vollständig zu prüfen. 154

Besonders problematisch ist in Fällen des § 951 I BGB das gleichzeitige Vorliegen eines EBV – wie im Beispielsfall.

Sperrwirkung des EBV

Wichtiger Grundsatz im EBV ist, dass die §§ 987 ff. BGB abschließende Regelungen zu Nutzungen und Verwendungen des Besitzers enthalten. Dementsprechend sind die Bereicherungsansprüche auf die § 951 I BGB verweist, bzgl. Verwendungen grds. gesperrt. 155

Die Berechtigung dieses Grundsatzes wird aber dann zweifelhaft, wenn keine Verwendung i.S.d. §§ 994 ff. BGB vorliegt. Dies ist insb. dann der Fall, wenn Aufwendungen auf eine Sache diese nicht bloß verändern, sondern *grundlegend umgestalten* („enger Verwendungsbegriff"), nach BGH z.B. Hausbau auf unbebautem Grundstück. 156

„absolute Sperrwirkung"

Der BGH vertritt dazu die sog. „Theorie der absoluten Sperrwirkung". D.h. auch wenn tatbestandlich keine Verwendung i.S.d. §§ 994 ff. BGB vorliegt, sind andere Ansprüche gesperrt. Der Besitzer ist damit auf das Wegnahmerecht des § 997 BGB verwiesen. Nur in absoluten Ausnahmefällen wird ein Quasi-Verwendungsersatz über § 242 BGB gewährt. 157

a.A.

Nach h.L. gilt dies so nicht. Da die §§ 994 ff. BGB den Fall der Umgestaltung tatbestandlich überhaupt nicht erfassen, können sie auch keine Sperrwirkung entfalten. Dies wird wertungsmäßig damit untermauert, dass der besitzende Verwender nicht schlechter stehen dürfe als der nichtbesitzende. Denn letzterer ist ja vom EBV überhaupt nicht betroffen. Im Ergebnis untergräbt diese Ansicht natürlich die differenzierten Regelungen der §§ 994 ff. BGB zu weiten Teilen. 158

hemmer-Methode: Aber auch im Bereicherungsrecht genießt der Eigentümer einen gewissen Schutz gegen aufgedrängte Verwendungen. Dazu unten Rn. 264 (aufgedrängte Bereicherung).

Merke: Hemmer/Wüst, Die 42 wichtigsten Fälle zur GoA und zum Bereicherungsrecht, Fall 20 bespricht die sog. Verwendungskondiktion.

III. Rückgriffskondiktion gem. § 812 I S. 1 Alt.2 BGB

Ein weiterer Anwendungsfall der Nichtleistungskondiktion gem. § 812 I S. 1 Alt.2 BGB ist die sog. Rückgriffskondiktion.

Zahlung auf fremde Schuld

In der Situation der Rückgriffskondiktion zahlt jemand (ein „Dritter") auf eine fremde Schuld und möchte dann beim eigentlichen Schuldner Regress nehmen. 159

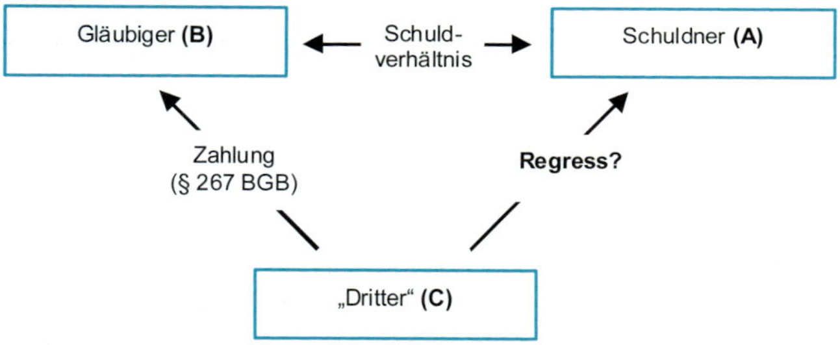

1. Anwendungsbereich

enger Anwendungsbereich

Das Problem einer bereicherungsrechtlichen Rückgriffskondiktion stellt sich insb. in folgenden Fällen *nicht*:

Vertragsverhältnis: Insb. §§ 662, 675 BGB zwischen Drittem und Schuldner. Hierunter fällt auch der Fall, dass der Dritte dem Schuldner etwas schenken will. Bei Unwirksamkeit des Kausalverhältnisses ist über die Leistungskondiktion rückabzuwickeln. 160

Cessio Legis: Durch die Zahlung erlischt die Forderung nicht, sondern geht auf den Dritten von Gesetzes wegen über (Bsp. Bürge, § 774 I BGB, Gesamtschuldner, § 426 II BGB). Erstens besteht hier ein eigener Regressanspruch, zudem erlangt der Schuldner nichts i.S.d. § 812 I BGB, da er nicht von seiner Schuld befreit wird. 161

Berechtigte GoA: Liegt eine berechtigte GoA vor, so hat der Dritte einen Ausgleichanspruch aus §§ 677, 683 S. 1, 670 BGB. Daneben kein Bereicherungsrecht, da die GoA Rechtsgrund für den Vermögenserwerb des Dritten ist. 162

Unberechtigte GoA: Hier greift § 684 S. 1 BGB, der auf das Bereicherungsrecht verweist (Rechtsfolgenverweisung). Ob daneben die §§ 812 ff. BGB als eigenständiges Anspruchssystem anwendbar sind, ist von wenig praktischer Bedeutung.

Leistung des Dritten im eigenen Interesse

Als Anwendungsfall einer Rückgriffskondiktion verbleibt die Situation, dass der Dritte leistet, obwohl er dem Schuldner gegenüber nicht dazu verpflichtet ist und dabei eigene Interessen verfolgt (kein Fremdgeschäftsführungswille). 163

„Klassiker": *Der Dritte zahlt, um Gläubiger des Schuldners zu werden, bspw. um die Zwangsvollstreckung in dessen Eigentum zu betreiben.*

Merke: Ein solcher Fall wird in Hemmer/Wüst, Die 42 wichtigsten Fälle zur GoA und zum Bereicherungsrecht, Fall 34 gelöst.

Nichtleistungskondiktion

Die Nichtleistungskondiktion des § 812 I S. 1 Alt.2 BGB kommt hier als „Rückgriffskondiktion" zum Zuge. 164

Durch die Zahlung des Dritten erlangt der Schuldner die Befreiung von seiner Verbindlichkeit gegenüber dem Gläubiger, ohne, dass ein rechtlicher Grund gegenüber dem Dritten vorläge.

keine Leistung

Eine Leistungsbeziehung lässt sich meist nicht begründen. 165

Nur, wenn der Dritte Fremdgeschäftsführungswillen hat, kann man annehmen, dass er leistet, um Ausgleichsansprüche aus (berechtigter) GoA entstehen zu lassen. Liegt eine solche dann nicht vor, ist § 812 I S. 2 Alt.2 BGB einschlägig. (Aber eben auch § 684 S. 1 i.V.m. §§ 818 ff BGB).

hemmer-Methode: Sucht ein zahlender Dritter Regress gegenüber dem Schuldner gilt also: Prüfen Sie erst sorgfältig die dem Bereicherungsrecht vorgehenden Anspruchsgrundlagen, insb. Vertrag, übergegangene Forderungen, GoA. Der Anwendungsbereich einer Rückgriffskondiktion ist gering.

2. Folgeproblem: Aufgedrängter Rückgriff

gegen den Willen des Schuldners

Der Dritte wird also Gläubiger des Schuldners, ohne dass der Schulder dies beeinflussen kann („Aufgedrängter Rückgriff"). 166

Regelmäßig wird dies gegen den Willen des Schuldners und zu dessen Ungunsten geschehen.

Parallelsituation: Abtretung

Dies spricht aber nicht gegen die Rückgriffskondiktion. Denn ein Gläubigerwechsel ohne Einfluss des Schuldners ist völlig normal, z.B. i.R.d. Abtretung, § 398 BGB.

§§ 404 ff. BGB entspr.

Allerdings genießt der Schuldner bei der Abtretung einen gewissen Schutz (vgl. §§ 404 ff. BGB). Dieser wird ihm auch über §§ 404 ff. BGB *analog* bei der Rückgriffskondiktion zugebilligt. 167

Insbesondere kann der Schuldner daher seine Einwendungen gegen den alten Gläubiger auch dem neuen gegenüber geltend machen.

Merke: Auch dazu Hemmer/Wüst, Die 42 wichtigsten Fälle zur GoA und zum Bereicherungsrecht, Fall 34.

3. Problemerweiterung: Nachträgliche Tilgungsbestimmung

„Umbestimmung“ des Leistungszweckes

Das Problem der Rückgriffskondiktion lässt sich erweitern dadurch, dass der Dritte zunächst leistet, um eine *vermeintlich eigene* Schuld zu tilgen. 168

Grds. muss er mittels Leistungskondiktion beim Schein-Gläubiger Regress nehmen.

Will er aber beim eigentlichen Schuldner Regress nehmen (bspw. weil dieser solventer ist, als der Schein-Gläubiger), so fragt sich, ob der Dritte die Zahlung durch eine nachträgliche Tilgungsbestimmung zur „Zahlung eines Dritten“ i.S.d. § 267 BGB machen kann. Erlaubt man dies, ergeben sich die oben besprochenen Probleme.

IV. Eingriffskondiktion gem. § 816 I S. 1 BGB

wirksame Verfügung eines Nichtberechtigten

§ 816 I S. 1 BGB regelt den Fall, dass ein Nichtberechtigter eine Verfügung über eine Sache vornimmt, die (aus Gründen des Verkehrsschutzes) dem Berechtigten gegenüber wirksam ist. § 816 I S. 1 BGB gewährt hier einen Bereicherungsanspruch gegen den Verfügenden. 169

Bsp.: B veräußert eine antike Vase, die er für A in Verwahrung hatte, an den gutgläubigen D. Dabei erwirbt D nach §§ 929, 932 BGB Eigentum (kein Abhandenkommen nach § 935 BGB).

Entsprechend hat A keinen Herausgabeanspruch nach § 985 BGB.

Eine „gewöhnliche" Eingriffskondiktion A-D ist bereits von der vorrangigen Leistungsbeziehung B-D ausgeschlossen.

Ansprüche des A gegen B aus Vertrag (§§ 280 I, III, 283 i.V.m. § 695 BGB), können an fehlendem Verschulden scheitern. Ansprüche aus GoA ergeben sich nur bei angemaßter Eigengeschäftsführung (§ 687 II BGB, Rn. 57), also bspw. nicht, wenn B die Vase mit einer eigenen verwechselt hat.

hemmer-Methode: Denken Sie bei einer Verfügung eines Nichtberechtigten immer die gesamte Palette von Anspruchgrundlagen durch: Vertrag, GoA, EBV, Bereicherung und Delikt.

Voraussetzungen des § 816 I S. 1 BGB: 170

⇨ Entgeltliche Verfügung

⇨ durch einen Nichtberechtigten

⇨ dem Berechtigten gegenüber wirksam

⇨ erlangtes Etwas

1. Verfügung

Def. Verfügung

a) Verfügungen sind Rechtsgeschäfte, durch die auf ein bestehendes Recht unmittelbar eingewirkt wird, bspw. durch Übertragung, Belastung, Inhaltsänderung. 171

Bsp.: Übertragung des Eigentums, Verpfändung (§§ 1204 ff. BGB)

Auch Forderungsabtretung (§ 398 BGB) und Erlass (§ 397 BGB) wirken auf ein bestehendes Recht ein. Damit sind sie Verfügungen!

Bei § 816 I S. 1 BGB muss es sich um entgeltliche Verfügungen handeln. Das ergibt sich aus einem Umkehrschluss aus § 816 I S. 2 BGB und der Tatsache, dass bei Unentgeltlichkeit nichts erlangt wird, was herausgegeben werden könnte.

Verfügungen i.R.d. Zwangsvollstreckung zählen nicht dazu.

b) Bloße schuldrechtliche Verpflichtungsverträge sind keine Verfügungen. Für sie ist § 816 I S. 1 BGB in jedem Fall nicht direkt und nach h.M. auch nicht analog anwendbar. *172*

nicht bei Vermietung/ Verpachtung

Diskutiert wird eine Analogie bei Vermietung bzw. Verpachtung einer Sache.

> ***Bsp.:*** *GF stiehlt das Auto des GH und vermietet es an D. GH hätte sein Auto nicht genutzt. Ansprüche des GH auf Herausgabe der Miete aus § 816 I S. 1 BGB?*
>
> § 816 I S. 1 BGB ist hier von der Rechtsfolge besonders „reizvoll", da nach h.M. der gesamte erzielte Erlös herauszugeben ist (Rn. 178).
>
> Problematisch ist einmal die Anwendung neben dem EBV.
>
> Zwar gilt für § 816 I S. 1 BGB die Sperrwirkung des EBV grds. nicht, da diese sich nur auf Nutzungen, Verwendungen und Schadensersatz bezieht: Über § 816 I S. 1 BGB wird generell nur der erlös für die Sache geschuldet (Rechtsfortwirkungsanspruch zu § 985 BGB). In der analogen Anwendung soll er aber gerade Nutzungsersatz gewähren.
>
> Es fehlt weiter an einer für die Analogie vergleichbaren Interessenlage. Bei der unberechtigten Vermietung erleidet der Eigentümer keinen Rechtsverlust wie bei wirksamen Verfügungen. Auch eine Regelungslücke besteht nicht, da ja gerade in den §§ 987 ff. BGB Regelungen getroffen sind. (Zu anderen möglichen Ansprüchen bereits oben Rn. 59)

hemmer-Methode: Die Vermietung wird in der Lit. z.T. anerkannt als „vormerkungswidrige Verfügung" für die Zwecke des § 883 II BGB. Dies gründet maßgeblich auf der verfügungsähnlichen Wirkung des § 566 I BGB.

Analogie bei Rechtsverlust nach §§ 946 ff. BGB

c) Eine Verfügung liegt auch nicht im Herbeiführen eines Eigentumsverlustes nach §§ 946 ff. BGB. Allerdings lässt sich in solchen „Einbaufällen" eine Analogie zu § 816 I S. 1 BGB begründen. *173*

Sofern der ursprüngliche Eigentümer sich nicht an den neuen Eigentümer halten kann (Vorrang der Leistungsbeziehungen und Wertungen der §§ 932, 935 BGB), ist er auf einen Bereicherungsanspruch gegen denjenigen angewiesen, der den Eigentumsverlust herbeigeführt hat.

Wurde vor dem Einbau rechtsgeschäftlich übereignet, so liegt eine Verfügung i.S.d. § 816 I S. 1 BGB vor. Diese fehlt beim unmittelbaren Einbau. Ein wertungsmäßiger Unterschied zwischen den beiden Fällen ist aber nicht feststellbar.

Ob § 816 I S. 1 BGB anwendbar ist, ist deshalb bedeutsam, da dieser weiterreichendere Rechtsfolgen als § 812 I S. 1 Alt.2 BGB hat.

Merke: Weiteres zu den sog. „Einbaufällen" und den Ansprüchen des alten gegen den neuen Eigentümer Rn. 252 ff.

2. Durch einen Nichtberechtigten

Nichtberechtigter

Der Verfügende darf weder der Rechtsinhaber noch vom Berechtigten zur Verfügung ermächtigt sein (§185 I BGB). 174

Verfügender ist immer derjenige, in dessen Namen verfügt wird (bei Stellvertretung also der Vertretene). Dieser muss Nichtberechtigter sein.

3. Wirksamkeit der Verfügung

insb. gutgläubiger Erwerb

Fälle der Wirksamkeit einer Verfügung eines Nichtberechtigten sind vor allem die des gutgläubigen Rechtserwerbs. 175

> ***Bsp.:*** *Insb. §§ 932 ff. BGB bei beweglichen Sachen, §§ 892 f. BGB bei unbeweglichen Sachen. Beachten Sie aber auch sonstige Gutglaubensvorschriften wie §§ 1138, 1155 ff., 1192 BGB für Hypothek und Grundschuld. Oder die Sondervorschrift des § 2366 BGB für den Erbscheininhaber.*

Sofern diese nicht zur Wirksamkeit der Verfügung führen, steht es dem Berechtigten frei, die Verfügung zu genehmigen, § 185 II S. 1 Var. 1 BGB. 176

Genehmigung durch Herausgabeverlangen

> *Auch wenn dies ein Sachverhalt nicht ausdrücklich hergibt, kann in der Herausforderung des Veräußerungserlöses eine konkludente Genehmigung zu sehen sein (Auslegung).*

Achtung: Die Genehmigung ändert nichts daran, dass die Verfügung von einem Nichtberechtigten vorgenommen wurde. Nur der Erfolg wird genehmigt.

hemmer-Methode: Dies ist ein kleiner Trick, denn eigentlich wirkt die Genehmigung auf den Zeitpunkt der Verfügung zurück (§ 184 BGB).

Merke: Zur Genehmigung der Verfügung im § 816 I S. 1 BGB Hemmer/Wüst, Die 42 wichtigsten Fälle zur GoA und zum Bereicherungsrecht, Fall 21.

Die Genehmigung kann nur durch den Berechtigten erfolgen. Dies geht dann eigentlich nicht mehr, wenn der Berechtigte nach der unwirksamen Verfügung sein Eigentum aus anderen Gründen verloren hat (bspw. §§ 946 ff. BGB oder auch, wenn die bei der ersten Verfügung mangelnde Gutgläubigkeit bei einer weiteren Verfügung vorliegt). 177

Dennoch lässt die h.M. die Genehmigung dort zu.

Zu beachten ist schließlich, dass die Genehmigung nur Zug um Zug gegen die Herausgabe des Erlöses erfolgt.

4. Durch die Verfügung erlangtes Etwas

Gemäß dem Wortlaut des § 816 I S. 1 BGB muss der Verfügende durch die Verfügung etwas erlangt haben. Dies ist dann herauszugeben. 178

Daraus folgt der Streit bzgl. der Rechtsfolge des § 816 I S. 1 BGB, ob der objektive Wert der Sache oder der konkret durch den Nichtberechtigten erzielte Erlös herauszugeben ist.

Befreiung von Verbindlichkeit

Nach einer Ansicht wird unmittelbar *„durch die Verfügung"* (Wortlaut) nur die Befreiung von einer Verbindlichkeit erlangt. Dafür ist gem. § 818 II BGB Wertersatz in Höhe des *objektiven* Wertes zu leisten. 179

Dies wird damit gerechtfertigt, dass der konkrete Veräußerungserlös Eigenleistung des Nichtberechtigten sei. Wird mehr als der objektive Wert verlangt, so ist dies in § 687 II BGB (dazu Rn. 59) speziell geregelt.

h.M. voller Erlös herauszugeben

Anders die h.M.: Der Nichtberechtigte muss den vollen Erlös herausgeben. 180

Zweck des Bereicherungsrechts ist es, die tatsächliche Vermögensmehrung abzuschöpfen, und die liegt beim § 816 I S. 1 BGB im Verkaufserlös.

Zudem trägt der Berechtigte auch das Risiko des Unterwertverkaufs.

Merke: Siehe zu diesem Streit auch Hemmer/Wüst, Die 42 wichtigsten Fälle zur GoA und zum Bereicherungsrecht, Fall 21.

5. Problem: Abzug des gezahlten Kaufpreises

Kaufpreis als Aufwendung

Oft liegt der Fall so, dass der Verfügende die Sache selbst schon käuflich erworben hat. 181

Fall: *NB erwirbt ein Gemälde von Dieb D, der es E gestohlen hat, und verkauft und veräußert es an X. E verlangt nach Genehmigung der Verfügung von NB den Veräußerungserlös.*

Grds. können i.R.d. § 818 III alle Aufwendungen als Entreicherung geltend gemacht werden, die in ursächlichem Zusammenhang mit dem Bereicherungsvorgang stehen (unten Rn. 270).

nicht bei Rechtsfortwirkungsanspruch

Ein Abzug des an einen Dritten gezahlten Kaufpreises wird jedoch abgelehnt. Vor der Verfügung war der Nichtberechtigte einem Anspruch aus § 985 BGB ausgesetzt, dem er eine Entreicherung durch Kaufpreiszahlung nicht entgegensetzen konnte. § 816 I S. 1 BGB ersetzt diesen Anspruch aus § 985 BGB (Rechtsfortwirkungsanspruch). Dementsprechend kann für ihn nichts anderes gelten. 182

V. Durchgriffskondiktion gem. § 816 I S. 2 BGB

Verfügt ein Nichtberechtigter an einen Dritten ohne aber dafür eine Gegenleistung zu erhalten, so erlangt er nichts, was nach § 816 I S. 1 BGB herausgegeben werden könnte. 183

Das Gesetz bewertet hier den Berechtigten als schutzwürdiger als den unentgeltlich erwerbenden Dritten und gewährt ihm einen direkten Kondiktionsanspruch, § 816 I S. 2 BGB.

Voraussetzungen: 184

- ⇨ Verfügung
- ⇨ durch einen Nichtberechtigten
- ⇨ dem Berechtigten gegenüber wirksam
- ⇨ Unentgeltlichkeit der Verfügung

Zu den ersten drei Prüfungspunkten kann uneingeschränkt nach oben verwiesen werden. Anders ist hier, dass die Verfügung unentgeltlich sein muss.

hemmer-Methode: Auch bei § 822 BGB geht es um unentgeltliche Verfügungen. Bei § 816 I S. 2 BGB verfügt allerdings ein Nichtberechtigter, während bei § 822 BGB ein Berechtigter verfügt, d.h. er überträgt die Position (Eigentum bzw. Besitz), die er selbst schon innehat.

Schenkung

Unentgeltlichkeit wird regelmäßig im Rahmen einer Schenkung vorliegen. 185

Für gemischte Schenkungen ist umstritten, ob der überwiegende Charakter des Geschäfts entscheidet, oder ob das Geschäft in einen unentgeltlichen und einen entgeltlichen aufzuteilen ist. Letztere Ansicht bereitet Probleme bei der Herausgabe eines einheitlichen Gegenstandes (mglw. zu lösen über § 818 II BGB).

Vermächtnis

Aber bspw. auch der Erwerb eines Vermächtnisgegenstandes geschieht unentgeltlich i.S.d. § 816 I S. 2 BGB. 186

Anmerkung: Letztere Situation ist gegeben in Hemmer/Wüst, Die 42 wichtigsten Fälle zur GoA und zum Bereicherungsrecht, Fall 22.

Fraglich ist, ob auch eine rechtsgrundlose Leistung als unentgeltliche zu behandeln ist. Faktisch wird in diesem Fall nämlich keine Gegenleistung geschuldet. 187

hemmer-Methode: Der BGH behandelt *rechtsgrundlosen* Besitzerwerb *als unentgeltlichen* Besitzerwerb i.S.d. § 988 BGB. Die Probleme liegen hier jedoch ganz anders.

rechtsgrundlos ≠ unentgeltlich

Die Situation ist hier aber eine andere, denn die Parteien wollen eigentlich ein entgeltliches Geschäft. Hat der Dritte seine Leistung erbracht, hat er ein berechtigtes Interesse daran, den nichtigen Vertrag Zug um Zug mit seinem Vertragspartner rückabzuwickeln (Erlangter Gegenstand gegen Rückgabe der Gegenleistung). Diese Möglichkeit würde ihm bei der Direktkondiktion des Berechtigten genommen. 188

Beachten Sie: Dies ist nichts anderes als das Prinzip des „Vorranges der Leistungsbeziehungen“, einer der wichtigsten Grundsätze im Bereicherungsrecht. Er führt in Dreipersonenverhältnissen grds. zur „Abwicklung übers Eck“ und schließt direkte Nichtleistungskondiktionen, gleich ob über § 812 I S. 1 Alt.2 oder § 816 I S. 2 analog, aus.

Somit muss eine Analogie jedenfalls dann ausgeschlossen sein, wenn der Dritte seine Leistung bereits erbracht hat.

Merke: Vgl. dazu Hemmer/Wüst, Die 42 wichtigsten Fälle zur GoA und zum Bereicherungsrecht, Fall 22 (Abwandlung).

VI. Durchgriffskondiktion gem. § 822 BGB

§ 822 BGB behandelt wie § 816 I S. 2 BGB einen Fall des unentgeltlichen Erwerbs eines Dritten.

Wie bei § 816 I S. 2 BGB findet sich auch bei § 822 BGB die gesetzliche Wertung, der geringeren Schutzwürdigkeit des unentgeltlich Erwerbenden. *189*

Voraussetzungen: *190*

⇨ Bereicherungsanspruch gegen den Empfänger

⇨ Unentgeltliche Zuwendung des Bereicherungsgegenstandes an einen Dritten

⇨ Entreicherung des Empfängers durch die Zuwendung an den Dritten

1. Bereicherungsanspruch gegen den Empfänger

primärer Bereicherungsanspruch

Zunächst einmal muss der Anspruchsteller einen Bereicherungsanspruch gegen den Empfänger haben. *191*

Dafür kommt jeder beliebige Anspruch aus den §§ 812 ff. BGB in Frage.

Auch § 822 BGB selbst kann Anspruch in diesem Sinne sein, wenn das Erlangte vom ersten unentgeltlichen Erwerber einer weiteren Person unentgeltlich zugewendet wird.

2. Unentgeltliche Zuwendung an einen Dritten

unentgeltliche Zuwendung

Der Bereicherungsgegenstand des Erstanspruchs muss von dessen Schuldner (dem „Empfänger") einem Dritten unentgeltlich zugewendet worden sein. *192*

Der Begriff Zuwendung wird dabei mit „wirksamer rechtsgeschäftlicher Übertragung" gleichgesetzt.

Der Fall des gutgläubigen Erwerbs des Dritten vom Nichtberechtigten ist bereits von § 816 I S. 2 BGB erfasst. Somit verbleibt für § 822 BGB vor allem der Bereich einer weiteren Verfügung eines Berechtigten.

hemmer-Methode: Der Bereicherungsgegenstand muss nicht zwingend in seiner tatsächlichen Form weitergegeben werden. Kauft bspw. der Zuwendende von erlangtem „Geld" erst einen PKW, der nachher Gegenstand der Zuwendung ist, so ist Bereicherungsgegenstand eigtl. Wertersatz gem. § 818 II BGB (durch den Verkauf wird Herausgabe unmöglich). § 822 BGB wird dennoch angewendet. Der Dritte kann sich dann auf die Herausgabe des tatsächlich Erlangten (PKW) beschränken.

Für die Unentgeltlichkeit gilt das oben zu § 816 I S. 2 BGB Gesagte.

3. Entreicherung des Zuwendenden (§ 818 III BGB)

Entreicherung des Empfängers

Der Dritte haftet nach § 822 BGB nur subsidiär hinter dem Empfänger. Erst wenn, und nur soweit, dieser entreichert ist, kommt § 822 BGB zur Anwendung. 193

a) Für die Frage der Entreicherung gilt hier grundsätzlich:

Der Empfänger ist durch die unentgeltliche Zuwendung entreichert. Dies aber dann nicht, wenn er die unentgeltliche Zuwendung allemal getätigt hätte. Dann hat er nämlich ansonsten anfallende Aufwendungen erspart.

durch die Zuwendung

b) Die Entreicherung muss gerade durch die Zuwendung eingetreten sein. Unzureichend ist es also, wenn eine Entreicherung schon vor der Weitergabe des Bereicherungsgegenstandes eingetreten ist. Das gleiche gilt wenn bereits i.R.d. Saldotheorie der Anspruch ausgeschlossen war.

nicht bei verschärfter Haftung

c) Ebenso kommt eine Haftung des Dritten nicht in Betracht, wenn zwar grds. durch die Zuwendung Entreicherung eingetreten ist, der Empfänger aber verschärft (nach den allgemeinen Vorschriften) haftet, §§ 818 IV, 819, 820 BGB.

nicht bei faktisch Undurchsetzbarkeit

d) Eine Haftung des Dritten kommt nach dem Wortlaut des § 822 auch dann nicht in Betracht, wenn der primäre Bereicherungsanspruch lediglich faktisch nicht durchsetzbar ist, bspw. wegen Vermögenslosigkeit des Vordermannes. 194

4. Rechtsfolgen

Der Dritte haftet nach § 822 BGB wie wenn er die Bereicherung selbst dem Gläubiger gegenüber rechtsgrundlos erlangt hätte. D.h. §§ 818, 819, 820 BGB sind uneingeschränkt auch auf den Dritten anwendbar. 195

VII. Drittempfangskondiktion gem. § 816 II BGB

wirksame Leistung an Nichtberechtigten

Der Tatbestand des § 816 II BGB behandelt den Fall, dass ein Nichtberechtigter eine Leistung auf eine Forderung erhält und ausnahmsweise dadurch die Forderung erlischt. Der eigentliche Gläubiger kann sich dann an den Nichtberechtigten halten. 196

Voraussetzungen:

⇨ Leistung an einen Nichtberechtigten

⇨ Wirksamkeit gegenüber dem Berechtigten

1. Leistung an einen Nichtberechtigten

nicht Forderungsinhaber

In diesem Punkt ist vor allem zu klären, wem die in Frage stehende Forderung tatsächlich zustand. 197

Dabei werden oft Abtretungskonstellationen vorliegen.

Ebenso können jedoch Probleme aus dem Erbrecht zugrunde liegen, bspw. Leistung an den Erbschaftsbesitzer (§ 2019 II BGB) oder den durch einen Erbschein Legitimierten (§ 2367 BGB).

Oder auch: Leistung an einen durch das Grundbuch legitimierten Nichtberechtigten (§ 893 BGB).

nicht Ermächtigter

Zieht ein zur Einziehung Ermächtigter die Forderung ein, so liegt eine Leistung an den Berechtigen vor, obwohl nicht an den Forderungsinhaber geleistet wurde. 198

Anmerkung: In Hemmer/Wüst, Die 42 wichtigsten Fälle zur GoA und zum Bereicherungsrecht, Fall 23 wird die Abtretungsproblematik der Globalzession behandelt (Stichwort „Vertragsbruchtheorie"). Bearbeiten Sie auch den folgenden Fall 24 der eine ähnliche Problematik beim Factoring behandelt.

2. Wirksamkeit gegenüber dem Berechtigten

wirksame Leistung

Die Leistung muss gegenüber dem Berechtigten wirksam sein. Erlischt die Forderung nämlich nicht, so kann sich der Gläubiger an seinen Schuldner halten. 199

a) Aufgrund Gesetzes

Gesetz, insb. §§ 407 ff. BGB

Zum Schutz des Schuldners ist oft gesetzlich angeordnet, dass eine Leistung an einen Nichtberechtigten befreiende Wirkung gegenüber dem Berechtigten hat. 200

Wichtigste Vorschriften sind hier die §§ 406 ff. BGB, die bei der Abtretung von Forderungen greifen:

⇨ § 407 BGB: Insb. Leistung an den bisherigen Gläubiger nach wirksamer Abtretung.

⇨ § 408 BGB: Insb. doppelte Abtretung durch den Gläubiger und Leistung an den Zweitzessionar.

⇨ § 409 BGB: Insb. Leistung an den Scheinzessionar nach unwirksamer Abtretung bei Abtretungsanzeige.

Wie gesagt können aber auch andere als die Abtretungsfälle zugrunde liegen. Neben den oben genannten Normen sind hier §§ 566c ff., 807, 808 I S. 1 (Sparbücher!), 851, 1056, 1275, 2041 BGB sowie §§ 25 ff. HGB relevant. 201

hemmer-Methode: Lesen Sie sich diese Normen durch und machen Sie sich klar wie zu Schuldnerschutzzwecken die Leistung an einen Nichtberechtigten für wirksam erklärt wird. Immer dann wird über § 816 II BGB ausgeglichen.

b) Wirksamkeit durch Genehmigung

Genehmigung

Wenn keine gesetzliche Vorschrift die Wirksamkeit der Leistung bewirkt, so kann der Berechtigte aber nach h.M. die Leistungsannahme genehmigen (§ 185 II S. 1 Alt.1 BGB). 202

Dies ist insbesondere dann bedeutsam, wenn der ursprüngliche Schuldner zahlungsunfähig ist.

Es handelt sich hier um eine ähnliche Konstruktion wie bei der Genehmigung des Verfügungserfolges in § 816 I S. 1 BGB. 203

Die Genehmigung bezieht sich also nur auf die Rechtsfolge der Leistung (Erfüllungswirkung); sie macht den Nichtberechtigten nicht nachträglich zum Berechtigten (vgl. oben Rn. 176).

Die Genehmigung wird auch hier häufig im Herausgabeverlangen liegen.

D. Insbesondere: Mehrpersonenverhältnisse

Vorrang der Leistungsbeziehungen im Mehrpersonenverhältnis

- Mehrpersonenverhältnisse führen zu komplexen bereicherungsrechtlichen Problemen. Dabei geht es immer um die Frage, in welchem Zweipersonenverhältnis eine Vermögensverschiebung rückabzuwickeln ist. 204

Die Lösung solcher Probleme wird vereinfacht durch die Beachtung einiger Grundsätze:

- Zunächst sind (gedanklich) die Leistungsbeziehungen zwischen den Beteiligten herauszuarbeiten.
- Besteht in dem Verhältnis, in dem die Rückabwicklung begehrt wird, eine Leistungsbeziehung, so kann grds. (bei Fehlen eines Rechtsgrundes) auch entlang dieser mit der Leistungskondiktion rückabgewickelt werden. In einem zweiten Schritt ist jedoch zu überprüfen, ob nicht die Rückabwicklung in einem anderen Zweipersonenverhältnis aus Wertungsgründen vorrangig ist.
- Besteht keine Leistungsbeziehung, so kommt immer nur eine Nichtleistungskondiktion in Betracht. Hat der Anspruchsgegner den Bereicherungsgegenstand aber durch die Leistung eines anderen bekommen, so ist die Rückabwicklung entlang dieser Leistungsbeziehung grds. vorrangig. In einem zweiten Schritt ist zu prüfen, ob (ausnahmsweise!) aus Wertungsgesichtspunkten die eigentliche Leistung zu verneinen oder zumindest die Leistungsbeziehung als nachrangig zu bewerten ist.

„Wertungskatalog“

Zu berücksichtigen im „zweiten Schritt“ sind insbesondere folgende Wertungsargumente: 205

- **Veranlassungsprinzip**
  Wer nichts zu einer Vermögensverschiebung beigetragen hat, soll aus der Rückabwicklung herausgehalten werden.
- **Minderjährigenschutz**
  Nicht voll Geschäftsfähige sollen vor den Nachteilen ihres Handelns ohne Zustimmung der gesetzlichen Vertreter geschützt werden.

⇨ **Gedanke des** § 822 BGB
Wer unentgeltlich erwirbt, ist weniger schutzwürdig.

⇨ Wertungen der §§ 932 II, 935 BGB
Keine Kondiktion entgegen den Wertungen des gutgläubigen Erwerbs.

⇨ Gerechte Verteilung des **Liquiditätsrisikos**
Jeder soll dem Liquiditätsrisiko seines Vertragspartners ausgesetzt sein.

Im Folgenden werden einige typische Dreieckskonstellationen besprochen.

I. Leistungskette

Leistungskette

In einer sog. Leistungskette leistet der Gläubiger zunächst an seinen Vertragspartner und dann dieser an einen Dritten. 206

B verkauft und liefert eine Sache an A, der diese wiederum an C verkauft und liefert.

Anmerkung: Vereinbaren B und A, dass B unmittelbar an C liefern soll (Durchlieferung), liegt „technisch“ ein „Anweisungsfall“ vor. Dazu gleich Rn. 209.

Im Grundsatz ist hier in der Leistungsbeziehung rückabzuwickeln in der ein rechtlicher Mangel liegt. 207

hemmer-Methode: Die Rückabwicklung geht damit quasi „übers Eck“.

Abwicklung im jeweiligen Leistungsverhältnis

Ist der Kaufvertrag zwischen A und C nichtig, so wird zwischen A und C über § 812 I S. 1 Alt.1 BGB rückabgewickelt. 208

Ist nur der Vertrag zwischen B und A mangelhaft, so hat A einen Anspruch auf Rückzahlung des Kaufpreises. B hat ebenfalls einen Anspruch aus § 812 I S. 1 Alt.1 BGB allerdings nur auf Wertersatz wegen des Weiterverkaufs (§ 818 II BGB).

Sind beide Kausalverhältnisse mangelbehaftet, so ändert dies an der Rückabwicklung grundsätzlich nichts. Eine Kondiktion der Kondiktion wie bei der Durchleistung (Rn. 221) ist hier technisch nicht begründbar.

Nur wenn die Übereignung B an A unwirksam war und C zugleich wegen eigener Bösgläubigkeit kein Eigentum erworben hat, soll neben dem Anspruch aus § 985 BGB auch eine Nichtleistungskondiktion B-C gegeben sein (Ergebniskorrektur anhand der Wertung des § 932 II BGB).

§ 816 I S. 2 BGB/§ 822 BGB kann einen Direktanspruch B-C gewähren, wenn C wirksam aber unentgeltlich von A erworben hat (s. Rn. 183 ff., 189 ff.).

II. Anweisungsfälle

In Anweisungsfällen veranlasst ein Schuldner (Anweisender) tatsächlich oder vermeintlich eine andere Person (Angewiesener) an einen tatsächlichen oder vermeintlichen Gläubiger (Anweisungsempfänger) eine Leistung zu erbringen. 209

hemmer-Methode: Diese „Anweisungen" sind gerade keine Anweisungen i.S.d. §§ 783 ff. BGB, sondern solche gem. §§ 675c I, 665 BGB. Basis für die Weisung ist ein Vertrag über das Führen eines Girokontos, im Gesetz „Zahlungsdiensterahmenvertrag" genannt, vgl. § 675f II BGB. Aber auch weitere Rechtsverhältnisse, aufgrund derer jemand einen anderen zur Leistung an einen Dritten „anweisen" kann, lassen sich letztlich beliebig konstruieren (dazu Beispiele unten).

Dabei sind folgende **Rechtsverhältnisse** zu unterscheiden:

⇨ Valutaverhältnis (Anweisender/AEmpfänger)

⇨ Deckungsverhältnis (Anweisender/Angewiesener)

⇨ Zuwendungsverhältnis (Angewiesener/AEmpfänger)

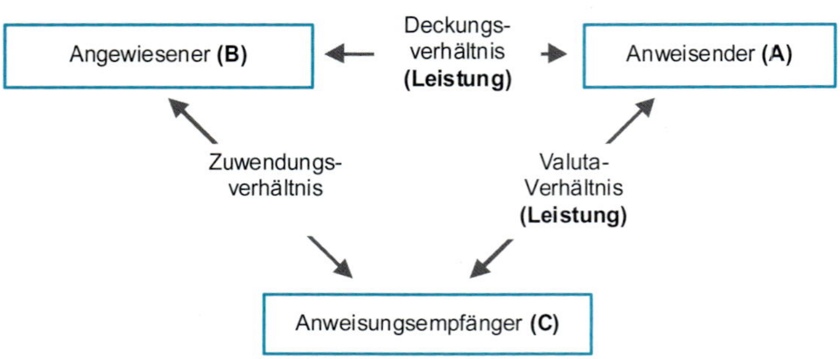

1. Grundfall: „Abwicklung übers Eck“

Ausgangsfall: C hat eine Kaufpreisforderung gegen A über 100 €. Um diese zu bezahlen, weist A seine Bank B (die auch Bank des C ist) an, dem C 100 € gutzuschreiben. 210

Abwicklung in der gestörten Leistungsbeziehung

Leistungen liegen grundsätzlich im Deckungsverhältnis (A zur Bank) und Valutaverhältnis (A zu C) vor. Dies ergibt die Betrachtung vom objektiven Empfängerhorizont. 211

Zu prüfen ist dann, in welcher Leistungsbeziehung der Rechtsgrund fehlt. Grundsätzlich ist nur dort eine Rückabwicklung vorzunehmen.

Im Zuwendungsverhältnis kann nur eine Nichtleistungskondiktion gegeben sein. Diese ist regelmäßig durch vorrangige Leistungsbeziehungen gesperrt.

Bei einem Fehler im Deckungsverhältnis (A zur Bank) müsste demnach die Bank von A kondizieren.

Bei einem Fehler im Valutaverhältnis (A zu C) muss der Anweisende (A) vom Empfänger der Zuwendung (C) kondizieren. Die Bank, als bloßer Leistungsmittler, hat mit der Rückabwicklung nichts zu tun.

Doppelmangel

Auch bei einem Doppelmangel wird entlang der Leistungsbeziehungen rückabgewickelt (unten Rn. 221). 212

hemmer-Methode: Auch beim Anweisungsfall wird grundsätzlich „übers Eck“ rückabgewickelt – und nicht direkt im Zuwendungsverhältnis. Dies ist aber nur der systematische Ausgangspunkt der Überlegungen. Praktisch wird die Abwicklung im Verhältnis der Bank zum Empfänger häufig überwiegen. Das liegt daran, dass der Gesetzgeber spezielle Regelungen geschaffen hat, aus denen die Wertung abzuleiten ist, dass der Anweisende häufig aus der Anweisung herauszuhalten ist, dazu sogleich.

Merke: Siehe dazu Hemmer/Wüst, Die 42 wichtigsten Fälle zur GoA und zum Bereicherungsrecht, Fall 26.

2. „Ausnahme“: Kondiktion im Zuwendungsverhältnis

Ausnahme: Zuwendungsverhältnis

Es kommt aber im Zuwendungsverhältnis (Bank-C) zur Rückabwicklung, wenn folgende Konstellationen gegeben sind. 213

wegen Leistungsbegriff

Dies kann sich bereits aus der Bestimmung der Leistungsbeziehungen vom objektiven Empfängerhorizont ergeben. 214

> **Bsp.:** *Weiß etwa der Empfänger, dass sein Vertragspartner keine wirksame Anweisung erteilt hat, so stellt sich die Zahlung aus seiner Sicht nicht als dessen Leistung dar. Der Bank steht dann eine Nichtleistungskondiktion gegen den Empfänger zu. (Achtung: Dadurch, dass die Zuwendung Bank-C dem A nicht zugerechnet werden kann, wird sie nicht zur Leistung B an C!) Eine vorrangige Leistungsbeziehung zwischen A-C liegt nicht vor.*

Merke: Siehe dazu Hemmer/Wüst, Die 42 wichtigsten Fälle zur GoA und zum Bereicherungsrecht, Fall 27.

aus Wertungsgründen

Darüber hinaus gibt es Fälle, in denen aus *Wertungsgründen* im Zuwendungsverhältnis rückabgewickelt wird. Die Wertungskorrektur führt dazu, dass die vorrangige Leistungsbeziehung verneint wird. 215

„Wertungskatalog“

Zu berücksichtigen sind in den Anweisungsfällen: 216

⇨ Veranlassungsprinzip

⇨ Minderjährigenschutz

⇨ Gedanke des § 822 BGB

Merke: Vgl. dazu auch Hemmer/Wüst, Die 42 wichtigsten Fälle zur GoA und zum Bereicherungsrecht, Fall 27.

a) Beispiel: Fehlende Veranlassung des Anweisenden

fehlende Veranlassung

Im Ausgangsfall will A gar nicht zahlen und weist B auch nicht zur Zahlung an C an. Dennoch schreibt B dem C versehentlich 100 € vom Konto des A gut. Anspruch der B gegen C? 217

In Betracht kommt eine Nichtleistungskondiktion der B gegen C (keine Leistungsbeziehung im Zuwendungsverhältnis!). Diese besteht nur, wenn es im Verhältnis A-C keine vorrangige Leistungsbeziehung gibt.

Vom objektiven Empfängerhorizont ist eine Leistung des A an C gegeben (richtiger Betrag auf bestehende Forderung). Dieses Ergebnis ist aber korrekturbedürftig, denn A hat die Zahlung der B nicht zurechenbar veranlasst (Veranlassungsprinzip). A soll daher keine Rückabwicklungsprobleme haben.

Der Gesetzgeber spricht in diesen Fällen von einer fehlenden Autorisierung, vgl. § 675j I S. 1 BGB. Fehlt es daran, hat die Bank keinen Anspruch auf Aufwendungsersatz gegen den A gem. §§ 675c I, 670 BGB, vgl. § 675u S. 1 BGB. Wurde das Konto des A durch die Bank gleichwohl belastet, kann A Erstattung verlangen, vgl. § 675u S. 2 BGB.

hemmer-Methode: Einen Bereicherungsanspruch der B gegen A gibt es daneben also nicht: *Beispiel*: Führt die Zahlung der B zur Erfüllung der Forderung des C (nur Theorie der realen Leistungsbewirkung), so erlangt A zwar die Befreiung von einer Verbindlichkeit. 218
Die Wertung des § 675u S. 2 BGB spricht aber dafür, dass sich die Bank an C halten *muss*, so dass man allenfalls daran denken könnte, dass die Verbindlichkeit des A gegenüber C wieder auflebt. Sieht man in der fehlenden Anweisung eine sog. negative Tilgungsbestimmung, käme es schon gar nicht zur Befreiung von einer Verbindlichkeit, so dass A gar nichst erlangt hätte, was die Bank bei ihm kondizieren könnte.

b) Beispiel: Minderjährigenschutz

Minderjährigenschutz

Im Ausgangsfall war A minderjährig als er B ohne Zustimmung seiner Eltern zur Überweisung anwies. 219

Wieder kommt eine Nichtleistungskondiktion der B gegen C in Betracht. Im Gegensatz zum Beispiel (1) hat A hier durch die Anweisung zur Überweisung die Zahlung veranlasst. Diese Veranlassung ist dem A aber wegen seiner Minderjährigkeit nicht zurechenbar. Man kann dies damit begründen, dass eine (wirksame) Autorisierung i.S.d. § 675j I S. 1 BGB durch den Minderjährigen ohne Zustimmung seiner Eltern nicht denkbar ist. Der Minderjährigenschutz gebietet es, den A aus der Rückabwicklung herauszuhalten. Somit mag zwar eine Leistung A an C vorliegen, § 675u enthält aber die Wertung, dass bei fehlender Autorisierung im Verhältnis zum Empfänger abzuwickeln ist.

c) Beispiel: Wertung des § 822

unentgeltlicher Erwerb

A hat dem C am 01.03. 1.000 € schenkweise versprochen (wirksam, § 518 I S. 1 BGB). A weist die Bank B an, die 1000 € dem C am 01.04. (Geburtstag des C) gutzuschreiben. Mitte März geraten A und C in Streit. A widerruft daher den Zahlungsauftrag am 20.03. gem. § 675p III BGB, ohne dies dem C mitzuteilen. B führt die Überweisung aus Versehen dennoch aus. Ansprüche B gegen C? 220

Einer Nichtleistungskondiktion im Zuwendungsverhältnis (B-C) könnte wieder eine Leistungsbeziehung im Verhältnis A-C vorrangig sein.

Objektiv stellt sich die Überweisung als Leistung des A an C dar. Hier liegt auch ein Veranlassungsbeitrag des A vor, da er zunächst einen Überweisungsvertrag abschloss.

Für eine Rückabwicklung im Zuwendungsverhältnis kann hier aber der Rechtsgedanke des § 822 BGB angeführt werden: Wer unentgeltlich erwirbt (wie C) ist weniger schutzwürdig. Stuft man so die Leistungsbeziehung A-C als nachrangig ein, so kann B von C kondizieren.

Dasselbe Ergebnis lässt sich aber wiederum mit dem Gesetz belegen. Zwar hat A zunächst eine Weisung kerteilt; diese hat er aber fristgerecht widerrufen, so dass danach keine Autorisierung mehr vorlag, § 675j I S. 1 BGB. Zwar ist ein Widerruf grundsätzlich nicht mehr möglich, sobald der Zahlungsauftrag der Bank zugegangen ist, vgl. § 675p I BGB. Hier wurde jedoch eine Terminüberweisung vereinbart, so dass ein Widerruf gem. § 675p III BGB möglich bleibt.

Daher greift wiederum § 675u S. 1 BGB, der es der Bank verbietet, das Konto des A zu belasten.

Merke: Die Darstellung hier kann nicht alle Wertungsfälle im Detail darstellen. Es wird aber deutlich, dass sich die Wertungen letztlich vereinheitlichen lassen, wenn man unter den Begriff der „Autorisierung" i.S.d. § 675j I S. 1 BGB nur solche Weisungen subsumiert, die wirksam erteilt wurden und auch nicht rechtzeitig widerrufen wurden.

hemmer-Methode: Die „Korrektur von Leistungsbeziehungen" kann ebenso bei Ansprüchen im Valuta- und Deckungsverhältnis relevant sein. Dann ist darauf zu achten, ob die dort regelmäßig gegebenen Leistungsbeziehungen nicht aufgrund einer Korrektur entfallen.

d) Beispiel: Korrektur beim Doppelmangel

Doppelmangel

Im Ausgangsfall sind sowohl der Kaufvertrag als auch der Überweisungsvertrag nichtig. Ansprüche der B? 221

Eine direkte Nichtleistungskondiktion des B gegen C kommt wegen der vorrangigen Leistungsbeziehung A-C grds. nicht in Betracht (es sei denn, einer der oben skizzierten Fälle fehlender Autorisierung ist gegeben).

Eine Direktkondiktion kann auch nicht über § 816 I S. 2 BGB analog bzw. § 822 BGB analog („rechtsgrundlos = unentgeltlich") begründet werden. Stichwort: Drohender Einwendungsverlust des C (oben Rn. 188). Nur bei echter Unentgeltlichkeit verliert C seine Schutzwürdigkeit.

B hat also einen Anspruch aus § 812 I S. 1 Alt.1 BGB gegen A. Der Anspruch geht nach h.M. auf Abtretung (Herausgabe) des Bereicherungsanspruchs, den A durch die Übereignung an C erwirbt (Kondiktion der Kondiktion). Dieses Ergebnis ist nach a.A. korrekturbedürftig, da es zu einer Risikokumulation für B kommt. Er ist den Einwendungen des A und des C aus dessen Verhältnis zu A ausgesetzt. Statt den Bereicherungsanspruch herauszugeben, soll A nach dieser Ansicht Wertersatz leisten, § 818 II BGB (vgl. auch Rn. 255).

Merke: Zum Doppelmangel auch Hemmer/Wüst, Die 42 wichtigsten Fälle zur GoA und zum Bereicherungsrecht, Fall 29.

III. Zahlung auf fremde Schuld

§ 267 BGB

Neben den Anweisungsfällen ist die Zahlung auf eine fremde Schuld durch einen Dritten gem. § 267 BGB ein beliebtes Klausurproblem. 222

hemmer-Methode: Bei einer Drittzahlung nach § 267 BGB erklärt B: „Ich leiste für A", wohingegen B bei einer Zahlung auf Weisung erklären würde: „A leistet durch mich".

Die Situation des § 267 liegt aber nur vor, wenn der Dritte „als Dritter" auf fremde Schuld leisten will. Glaubt er auf eigene Schuld zu leisten, so wird mittels einer Leistungskondiktion zwischen Gläubiger und Drittem rückabgewickelt. 223

Drittzahlung: *Onkel B zahlt die vermeintlichen Mietschulden seines Neffen A, die dieser kurz zuvor dem Vermieter C selbst bezahlt hat.*

GoA

hemmer-Methode: Denken Sie bei Drittzahlungen auch immer an die GoA (§§ 677, 683 S. 1, 670 BGB). Wenn tatsächlich eine Schuld erfüllt wurde, kann eine berechtigte GoA gegenüber dem Schuldner vorliegen. War die Forderung aber schon erloschen, fehlt für die berechtigte GoA das Interesse/der mutmaßliche Wille des Schuldners. 224

Fraglich ist bei Drittzahlungen, wo „im Dreieck" die Leistungsbeziehungen vorliegen. Für erstrebenswert wird allgemein die Rückabwicklung im Verhältnis Dritter-Gläubiger gehalten. 225

h.M. Leistung gegenüber Gläubiger

Nach h.M. bestimmt der Dritte, der aus eigenem Antrieb zahlt, selbst seinen Leistungszweck, indem er dem Gläubiger gegenüber als Dritter i.S.d. § 267 BGB auftritt. Somit kann er, wenn die Zahlung nicht zur Begleichung der vermeintlichen Schuld führt, nach § 812 I S. 1 Alt.1 BGB gegen den Gläubiger vorgehen. 226

a.A. Leistung gegenüber Schuldner

Entgegengesetzt zur h.M. wird vertreten, dass der Dritte einen Leistungszweck nur gegenüber dem Schuldner verfolgt. 227

wie Anweisungsfall bei fehlender Veranlassung

Damit ergibt sich ein Leistungsdreieck wie bei den Anweisungsfällen. Der Dritte tritt als Leistungsmittler des Schuldners auf.

Dadurch leistet er an den Schuldner und begründet zugleich eine Leistung des Schuldners an den Gläubiger. Lösen lässt sich der Fall dann wie ein Anweisungsfall bei fehlender Veranlassung des Anweisenden: Grds. ist entlang der Leistungsbeziehungen rückabzuwickeln; ausnahmsweise ist aber der Schuldner herauszuhalten, da er die Leistung des Dritten nicht veranlasst hat. Im Ergebnis lässt sich so eine direkte Nichtleistungskondiktion des Dritten gegen den Gläubiger begründen. Im Ergebnis besteht also Übereinstimmung.

hemmer-Methode: Die Drittzahlung ist dann unproblematisch, wenn sich ein *eigennütziger* Leistungszweck des Dritten gegenüber dem Gläubiger begründen lässt, bspw. dann, wenn der Dritte am Ablöserecht gem. § 268 oder § 1142 BGB eine eigenes Interesse hat.

Merke: Zum Bezahlen fremder Schulden auch Hemmer/Wüst, Die 42 wichtigsten Fälle zur GoA und zum Bereicherungsrecht, Fall 29.

IV. Unechter Vertrag zugunsten Dritter

VzD

Ein Dreipersonenverhältnis ergibt sich auch bei Verträgen zugunsten Dritter. 228

Beim unechten Vertrag zugunsten Dritter verpflichtet sich der Schuldner (Versprechender) gegenüber dem Gläubiger (Versprechensempfänger), die geschuldete Leistung an einen Dritten zu erbringen. Der Dritte erwirbt jedoch keinen eigenen Anspruch; nur der Versprechensempfänger kann die Leistung verlangen.

Behandlung wie Anweisungsfall

Strukturell unterscheidet sich diese Konstellation nicht vom „klassischen" Anweisungsfall wie er bereits besprochen wurde.

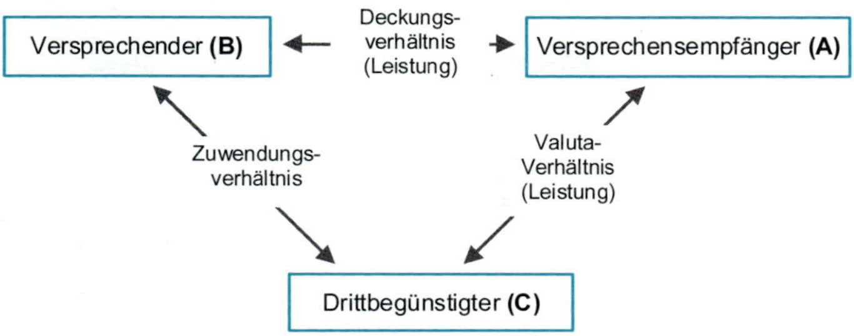

229

hemmer-Methode: Vergleichen Sie die Beziehungen mit denen im „Anweisungsfall" (Rn. 209). Kraft des unechten VzD kann A den B „anweisen" an C zu leisten und damit seine Schuld gegenüber C zu erfüllen.

Lösen lässt sich die Rückabwicklung beim unechten VzD wie im Anweisungsfall. Auch Wertungskorrekturen können vergleichbar begründet werden. 230

Rückabwicklung übers Eck

Bsp.: *A „leiht" sich am Wochenende von seinem Freund C einen Kasten Bier. Am Montag vereinbart er mit Bierhändler B, dass dieser bei C einen Kasten Bier vorbeibringen solle Dabei soll C kein eigenes Forderungsrecht haben (Auslegungsfrage!). A verschreibt sich aber bei der Biersorte und ficht deshalb kurz nach Auslieferung den Kaufvertrag an.*

Mit der Lieferung des B an C hat B zur Erfüllung seines Kaufvertrages mit A geleistet und gleichzeitig eine Leistung des A zur Erfüllung seines Sachdarlehensvertrages (§ 607 I BGB) erbracht.

Die Rückabwicklung wird grds. dort vorgenommen, wo der Fehler liegt. B kondiziert von A und A von C. 231

Wertungskorrektur möglich

Hätte A jedoch dem C das Bier schenkweise zuwenden wollen, ließe sich eine direkte Nichtleistungskondiktion des B gegen C mit der Wertung des § 822 BGB begründen (Rn. 220).

V. Echter Vertrag zugunsten Dritter

Der Fall des echten VzD ist problematischer, da hier eine Verpflichtung des Schuldners gegenüber dem Vertragspartner besteht, aber auch ein eigener Zahlungsanspruch des Dritten gegen den Schuldner. 232

Leistung im Zuwendungsverhältnis

Dies hat zur Folge, dass anders als im normalen Anweisungsfall im Zuwendungsverhältnis eine Leistungsbeziehung vorliegt. Der Versprechende leistet nämlich auch, um die Forderung des Dritten gegen ihn zum Erlöschen zu bringen. 233

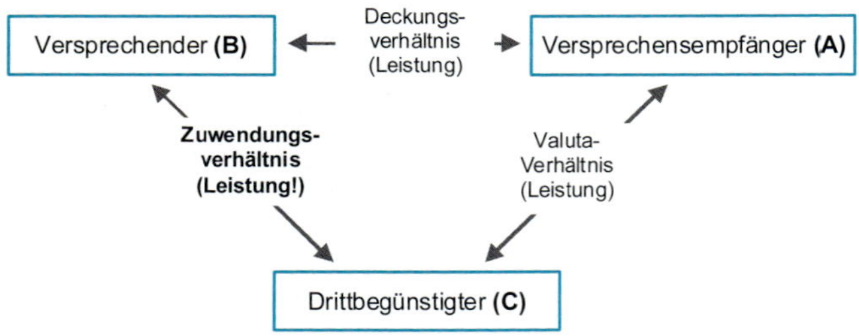

Somit liegt in allen drei Zweipersonenverhältnissen eine Leistung i.S.d. § 812 I S. 1 Alt.1 vor.

Abwicklung übers Eck

Als Grundsatz gilt aber auch hier: Der Dritte ist keinem Direktanspruch des Zuwendenden (Versprechenden) ausgesetzt, sondern braucht nur mit seinem Vertragspartner abzurechnen („Abwicklung übers Eck"). 234

Anspruch des Dritten dient der Besserstellung

Dies hat als einfachen Grund, dass das eigene Forderungsrecht des Dritten diesen *nur besser stellen* soll. Ist er aber (auch) einem bereicherungsrechtlichen Direktanspruch des Versprechenden ausgesetzt, so trägt er ein zusätzliches Risiko. Der Versprechende kann als Gläubiger „aggressiver" sein als der eigentliche Vertragspartner; oder dem Dritten stehen gegenüber dem Versprechenden bestimmte Einwendungen nicht zu, die er gegenüber dem Versprechensempfänger hätte. 235

> ***Bsp.:*** *A und B schließen einen echten Vertrag zugunsten Dritter, der B verpflichtet, 1.000 € an C zu zahlen. Im Zeitpunkt der Zahlung gehen jedoch alle versehentlich davon aus, dass 10.000 € zu zahlen sind. B zahlt und verlangt später Rückzahlung – von A oder von C?* 236
>
> Es liegt eine Leistung des B an A sowie auch an C vor. Für die Überzahlung von 9.000 € fehlt in beiden Verhältnissen der Rechtsgrund. Vorrangig ist jedoch das Leistungsverhältnis B-A, da C als Drittbegünstigter nur besser stehen soll. Er soll sich für die Rückabwicklung also nur mit seinem Vertragspartner A auseinandersetzen.

Wertungskorrektur

Dies ist wieder nur der Grundsatz; eine Korrektur aus Wertungsgesichtspunkten ist wie gehabt möglich. 237

Liegt im Verhältnis A-C eine unentgeltliche Zuwendung vor, so lässt sich wieder mit der Wertung des § 822 BG eine Direktkondiktion des B begründen (Achtung: Leistungskondiktion!).

Übergeordnetes Zuwendungsverhältnis

Als weiterer Wertungsgrundsatz gilt: Ist das Rechtsverhältnis zwischen dem Versprechenden und dem Dritten dem zwischen dem Versprechenden und dem Versprechensempfänger komplett übergeordnet, so ist die Direktkondiktion vorrangig. 238

War im obigen Beispiel die Rechtslage unklar und hat C den B besonders auf Zahlung der höheren Summe gedrängt, so ließe sich daher argumentieren, dass C in engerer Verbindung zur Überzahlung steht als A und daher die Direktkondiktion B-C vorrangig ist.

Anmerkung: Der „Klassiker" in dieser Fallgruppe ist der sog. „Maklercourtage-Fall". Fall und Lösung finden sich in Hemmer/Wüst, Die 42 wichtigsten Fälle zur GoA und zum Bereicherungsrecht, Fall 31.

hemmer-Methode: Es gilt also beim echten VzD das gleiche wie beim unechten VzD und in den Anweisungsfällen: „Abwicklung übers Eck"! Aus Wertungsgründen kann es zu einer Kondiktion im Zuwendungsverhältnis kommen. Dies ist ausnahmsweise eine Leistungskondiktion.

VI. Forderungszession

Ein weiteres schwieriges bereicherungsrechtliches Dreiecksverhältnis ergibt sich aus Forderungsabtretungen. Dabei ist zwischen der Abtretung einer nicht bestehenden Forderung und der unwirksamen Abtretung einer tatsächlich bestehenden Forderung zu unterscheiden. 239

1. Abtretung einer nicht bestehenden Forderung

nicht bestehende Forderung

Bsp.: *G (Zedent) tritt dem Z (Zessionar) eine angebliche Forderung über 1.000 € gegen den S ab. Nachdem S an Z gezahlt hat, stellt sich heraus, dass die Forderung nicht wirksam entstanden war. Kann S die 1.000 € nun bei G oder bei Z kondizieren?* 240

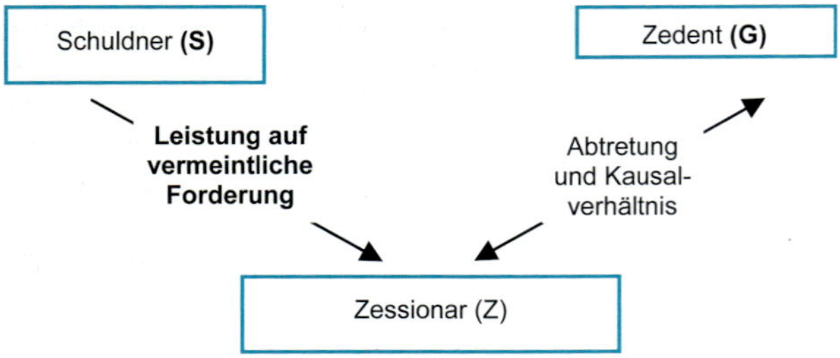

Leistungszweck gegenüber Zessionar

Zahlt der Schuldner an den Zessionar, so verfolgt er nur noch einen Zweck (Erfüllung) gegenüber dem diesem. Dementsprechend müsste die Rückabwicklung bei Nichtbestehen der Forderung nur zwischen diesen beiden Beteiligten stattfinden. 241

Problem: Liquiditätsrisiko

Dabei spricht aber die Umverteilung des *Liquiditätsrisikos* gegen diese Lösung. Die Stellung des Schuldners soll sich durch die Zession nicht verschlechtern. Dies kann aber passieren, wenn statt dem Zedenten, den sich der Schuldner als Vertragspartner ausgesucht hat, nun ein beliebiger Dritter Bereicherungsschuldner ist. 242

Entsprechend bewertet die h.M. daher die Rückabwicklung entlang der Leistungsbeziehung für nachrangig. Der Schuldner soll im ursprünglichen Vertragsverhältnis vom Zedenten kondizieren (Nichtleistungskondiktion). 243

Dabei hat nach h.M. der Schuldner auch kein Wahlrecht für den Fall, dass der Zessionar vermögend ist, der Vertragspartner aber nicht.

Merke: Vgl. dazu Hemmer/Wüst, Die 42 wichtigsten Fälle zur GoA und zum Bereicherungsrecht, Fall 32 (Ausgangsfall). 244

2. Fehlgeschlagene Abtretung einer tatsächlich bestehenden Forderung

unwirksame Abtretung

Auch wenn die Forderung tatsächlich besteht, kann die Zahlung des Schuldners „ins Leere gehen", wenn die Abtretung als solche scheitert. 245

> **Bsp.:** *Der Minderjährige M hat eine Forderung gegen S, die er an Z abtritt. Nachdem S an Z gezahlt hat, stellt sich heraus, dass die Abtretung unwirksam war (§§ 106 ff. BGB). Kann S von Z oder von M Rückzahlung verlangen?*

Wie bei der Abtretung einer nicht bestehenden Forderung liegt eine Leistung nur im Verhältnis Schuldner-Zessionar vor. 246

Dies spricht zwar für eine Rückabwicklung in diesem Verhältnis. Das oben genannte Liquiditätsargument (Rn. 242) spricht aber dafür, dass sich der Schuldner nur mit seinem Vertragspartner auseinander setzen soll. Damit hat eine Nichtleistungskondiktion gegenüber dem Zedenten grundsätzlich Vorrang.

> Im Beispielsfall liegt also eine Leistung des S an Z vor. Der Rückabwicklung im Verhältnis S zu M ist aber grundsätzlich Vorrang zu gewähren (Liquiditätsrisiko des S).
>
> Der M ist hier aber wegen seiner Minderjährigkeit besonders schutzwürdig und daher aus der Rückabwicklung herauszuhalten. Eine Korrektur aufgrund des Liquiditätsarguments ist daher im Ergebnis abzulehnen. Es bleibt also bei einer Leistungskondiktion S gegen Z.

hemmer-Methode: Der Schutz nicht voll Geschäftsfähiger genießt immer absoluten Vorrang!
Hätte M (volljährig) die Abtretung aufgrund einer arglistigen Täuschung des Z vorgenommen und angefochten (§§ 123 I, 142 II), so ist er grds. nur gegenüber Z schutzwürdig. Gegenüber S kann sein Schutz nur unter den Voraussetzungen des § 123 II BGB vorrangig sein.

Merke: Vgl. zur wegen Minderjährigkeit unwirksamen Abtretung Hemmer/Wüst, Die 42 wichtigsten Fälle zur GoA und zum Bereicherungsrecht, Fall 32 (Abwandlung).

Neben diesem Grundgerüst der Argumentation ist noch folgender „Schlenker" zu bedenken: 247

Achtung Abtretungsanzeige, § 409 I BGB

Hat der Zedent dem Schuldner die Abtretung angezeigt oder eine Urkunde über die Abtretung ausgestellt, so kann der Schuldner trotz Unwirksamkeit der Abtretung mit befreiender Wirkung an den Scheinzessionar leisten (§ 409 I BGB). Ein Ausgleich kommt dann nur noch über § 816 II BGB zwischen Zedent und Zessionar in Betracht.

Liegt aber eine besondere Schutzwürdigkeit des Zedenten vor, so wirkt sich dies oft auch auf § 409 BGB aus. Die Abtretungsanzeige ist geschäftsähnliche Handlung, sodass die Regeln über die Geschäftsfähigkeit anwendbar sind. Auch eine Anfechtung ist möglich.

> Im Beispielsfall wäre eine Abtretungsanzeige des M gem. §§ 106 ff. BGB unwirksam.

VII. „Einbaufälle"

Eine ganz andere Klasse von Dreiecksbeziehungen sind die sog. Einbaufälle. 248

§§ 946, 947 II BGB

Dabei geht es um Situationen, in denen jemand einen Eigentumsverlust nach §§ 946 ff. BGB erleidet, meist durch Verbindung mit einer anderen Sache, insb. §§ 946, 947 II BGB.

Der dadurch Begünstigte nimmt die zum Verlust führende Handlung aber nicht selbst vor, sondern eine Zwischenperson. Bereicherungsansprüche des Eigentümers gem. § 951 I i.V.m. §§ 812 ff. BGB sind aber nicht immer gegeben.

> ***Bsp.:*** *Bauunternehmer B verwahrt Holz des E. Für D soll B ein Haus bauen. Das dafür benötigte Holz nimmt er aus dem Bestand des E.* 249

vorherige Übereignung

Wird die fragliche Sache vor dem Einbau zunächst an den Dritten übereignet, so liegt dem eine Leistung des Zwischenmannes zugrunde. Diese Leistungsbeziehung sperrt grds. eine direkte Nichtleistungskondiktion des Eigentümers gegen den Dritten. 250

> Der Eigentümer muss sich bereicherungsrechtlich an den Zwischenmann halten, § 816 I S. 1 BGB, wenn nicht der Dritte unentgeltlich erwirbt, § 816 I S. 2 BGB.

Die Sperrwirkung greift aber dann nicht, wenn der Dritte nicht gutgläubig erwerben konnte. Dann hat er *durch die Leistung* (objektiv) *nur den Besitz* erlangt. 251

Bzgl. des Eigentums wäre dann eine Nichtleistungskondiktion gegen den Dritten möglich (§§ 812 I S. 1 Alt.2, 818 II BGB nach Einbau).

> *Scheitert der gutgläubige Erwerb nur an § 935 BGB, so liegt vom objektiven Empfängerhorizont auch eine Leistung des Eigentums vor. Ob dies maßgeblich sein kann, ist zweifelhaft. In jedem Fall wäre eine Wertungskorrektur vorzunehmen: Liegen §§ 932, 935 BGB nicht vor, ist der ursprüngliche Eigentümer schutzwürdiger; daher ist die Leistungsbeziehung zum Dritten nachrangig.*

hemmer-Methode: Behalten Sie das EBV im Auge: Ein EBV besteht zwischen Eigentümer und dem Dritten, wenn dieser nicht wirksam erwirbt. Bereicherungsansprüche wegen des *Sachwertes* schließt das EBV aber nicht aus, da es darüber keine Regelungen enthält.

unmittelbarer Einbau

252 Wird die Sache unmittelbar eingebaut, so gilt im Ergebnis nicht viel anderes.

Der Einbaubegünstigte erlangt hier das Eigentum gem. §§ 946 ff. BGB. Dafür ist die Gutgläubigkeit unerheblich. – Der Eigentumserwerb ist ein gesetzlicher; er wird aber als Leistung des Zwischenmannes behandelt.

Diese Leistungsbeziehung sperrt grds. eine Nichtleistungskondiktion (§§ 951 I, 812 I S. 1 Alt.2, 818 II BGB) des Eigentümers gegen den Dritten.

Wertungen der §§ 932, 935 BGB

253 Ob dies so bestehen bleibt, bemisst sich an der Wertung der §§ 932, 935 BGB. Denn der technische Unterschied, ob zuerst übereignet oder gleich eingebaut wird, darf keinen Unterschied machen. Zwar enthalten die §§ 946 ff. BGB keine Gutglaubensvorschriften. Ihre Regelungen streben aber auch nur Klarheit bzgl. der Eigentumsverhältnisse nach Verbindung/Vermischung an; sie sollen nicht über die endgültige Zuordnung der Vermögens*werte* entscheiden (s. § 951 BGB).

Wäre gutgläubiger Erwerb möglich gewesen, wird demnach an der vorrangigen Leistungsbeziehung „nicht gerüttelt".

Bereicherungsrechtlich ist ein Anspruch des Eigentümers nur gegen den Zwischenmann analog § 816 I S. 1 denkbar (Rn. 173), wenn nicht der Dritte unentgeltlich erwirbt, dann evtl. § 816 I S. 2 analog.

254 Lagen die Voraussetzungen für den gutgläubigen Erwerb aber nicht vor, so ergibt sich aus den Wertungen der §§ 932, 935 BGB eine erhöhte Schutzwürdigkeit des Eigentümers. Die Leistungsbeziehung ist daher nachrangig. §§ 951 I, 812 I S. 1 Alt.2, 818 II BGB sind anwendbar.

Merke: Vgl. zu dieser Thematik Hemmer/Wüst, Die 42 wichtigsten Fälle zur GoA und zum Bereicherungsrecht, Fall 20.

hemmer-Methode: Viele Fallgruppen, wenig wissen! In jeder Dreieckskonstellation kommt es vor allem darauf an, zunächst die Leistungsbeziehungen sorgfältig zu bestimmen und deren grds. Vorrang zu beachten. Anhand der weiteren Angaben im Sachverhalt können Sie dann auf der Wertungsebene korrigieren. Die wichtigsten Wertungsargumente kennen Sie jetzt.

E. Inhalt des Bereicherungsanspruches

Herausgabe „in natura“

Jede bereicherungsrechtliche Anspruchsgrundlage setzt voraus, dass jemand „etwas erlangt“ hat. Als Rechtsfolge wird angeordnet, dass dieser Bereicherungsgegenstand herauszugeben ist – grds. so wie er ist („in natura“). 255

Wurde Eigentum erlangt, ist zurückzuübereignen; wurde nur Besitz erlangt, ist dieser herauszugeben; erloschene Rechte sind wiederzubegründen, etc.

Erlangte Gebrauchsvorteile aber bspw. können ihrer Natur nach nicht herausgegeben werden.

Beachten Sie (noch einmal, Rn. 221) folgende Besonderheit beim Doppelmangel in Anweisungs- bzw. Durchlieferungsfällen: Erlangt wird vom Anweisenden von vornherein nur ein Bereicherungsanspruch, der zwecks Herausgabe abzutreten wäre (Kondiktion der Kondiktion). Wegen der Risikokumulation beim Angewiesenen soll die Herausgabepflicht des Anweisenden aber auf Wertersatz lauten, § 818 II BGB.

hemmer-Methode: Bestimmen Sie den Bereicherungsgegenstand bereits sorgfältig im Tatbestandsmerkmal „etwas erlangt“. Dann haben Sie nicht nur eine gute Basis um den genauen Anspruchsinhalt festzustellen. Auch für andere Fragen, bspw. Vorrang der Leistungsbeziehung, müssen Sie sich über den genauen Gegenstand der Bereicherung im Klaren sein.

Die Einzelheiten der Herausgabepflicht, insb. ihr konkreter Umfang und evtl. ihr Entfallen, sind zentral für alle bereicherungsrechtlichen Ansprüche in den §§ 818 ff. BGB geregelt.

I. Erweiterung der Herausgabepflicht gem. § 818 I BGB

Gem. § 818 I BGB erstreckt sich die Herausgabepflicht auf Nutzungen und Surrogate.

1. Nutzungen

Nutzungen, § 100 BGB

Der Nutzungsbegriff ist definiert in § 100 BGB. Es handelt sich um Früchte (§ 99 BGB) und Gebrauchsvorteile. 256

Bsp.: *Miete als Nutzungen von einer Sache. Zinsen als Nutzungen von Geld (mittelbare Sachfrucht, § 99 III BGB)*

Gebrauchsvorteile sind insb. gegenständlich nicht fassbare Vorteile, die bspw. der Gebrauch einer Sache bietet (Bewohnen eine Wohnung etc.).

Herauszugeben sind die tatsächlich gezogenen Nutzungen, nicht solche, die nur hätten gezogen werden können.

objektiver Wert

Zieht der Bereicherte Nutzungen, die auf einer besonderen Eigenleistung beruhen, so sind diese (soweit dies der Fall ist) aber nicht herauszugeben. Ersetzt wird also nur der objektive Wert der Nutzung. **257**

Merke: Deshalb ist die GoA (insb. §§ 687 II, 681 S. 1, 667 BGB) eine günstigere Ausgleichsgrundlage. Dazu schon oben Rn. 59.

Nutzungen bei Geld

Bei „erlangtem Geld" stellt sich ein Problem, wenn der Bereicherte das Geld, statt es zinsbringend anzulegen, zur Schuldentilgung verwendet. Dann zieht er technisch keine Nutzungen i.S.d. § 100 BGB (Wortlaut), denn er erspart zwar Aufwendungen für Zinszahlungen, dies aber nicht durch den *Ge*brauch sondern durch den *Ver*brauch der Sache. Diesen spitzfindigen Unterschied erkennt die Rspr. aber nicht an. Auch *ersparte Zinsen* sind wie Nutzungen herauszugeben (wirtschaftliche Betrachtungsweise). **258**

hemmer-Methode: Der Bereicherungsgläubiger kann vom Schuldner gem. § 242 BGB Auskunft darüber verlangen, ob bzw. welche Nutzungen er gezogen hat. Andernfalls wäre ein bestimmter Leistungsantrag für eine eventuelle Klage auch gar nicht möglich.

Nutzungen als Bereicherungsgegenstand

Wurde bereits die Nutzungsmöglichkeit als solche geleistet (beim Darlehen), so besteht dieses Problem nicht. Die Nutzungen sind dann bereits der Bereicherungsgegenstand i.S.d. § 812 I 1 BGB. § 818 I BGB bedarf es hierfür nicht. Dieser betrifft nur Nutzungen, die Nebenfolge eines anderen Hauptanspruches sind. **259**

hemmer-Methode: Wieder ein Blick zum EBV: Während die Sache selbst unproblematisch neben § 985 BGB auch nach §§ 812 ff. BGB herausgefordert werden kann, ist dies für die daraus gezogenen Nutzungen nicht so einfach. Denn das EBV trifft grds. abschließende Regelungen für den Nutzungsersatz, §§ 987 f. BGB.
Soll aber derjenige, der gutgläubig aber rechtsgrundlos Besitzer aber nicht Eigentümer geworden ist, besser stehen als der, der rechtsgrundlos aber wirksam erworben hat?

Nach h.L. soll die Sperrwirkung des EBV daher bei der Leistungskondiktion nicht gelten. Die Rspr. akzeptiert dies nicht. Allerdings wendet sie § 988 BGB analog an (rechtsgrundlos = unentgeltlich), der auf § 818 I BGB verweist.

2. Surrogate

Surrogate

Surrogate sind zum einen solche Gegenstände, die der Bereicherungsschuldner aufgrund der Zerstörung, Beschädigung oder Entziehung des Bereicherungsgegenstandes erlangt, also insb. Schadensersatzansprüche oder Versicherungsansprüche. 260

Zudem fallen solche Gegenstände unter § 818 I BGB, die aufgrund eines erlangten Rechts, also in bestimmungsgemäßer Ausübung dieses Rechts, erworben werden. Insb. Geld, das aufgrund einer Forderung eingezogen wurde.

nicht durch Rechtsgeschäft Erworbenes

NICHT zu den Surrogaten zählen, anders als bei § 285 BGB, Ersatzgegenstände, die durch Rechtsgeschäft erworben wurden.[6] 261

Herauszugeben ist also bei der Weiterveräußerung des Bereicherungsgegenstandes nicht der Erlös, sondern der objektive Wert des Gegenstandes (§ 818 II BGB).

Beachten Sie: Bei § 816 I S. 1 BGB ist nach h.M. der Erlös herauszugeben der „durch die Verfügung" erlangt wurde (siehe Rn. 178 ff.). Damit ist der Erlös bereits primärer Bereicherungsgegenstand. Es besteht somit kein Konflikt zu § 818 I BGB.
Zu Nutzungen und Surrogaten vgl. Hemmer/Wüst, Die 42 wichtigsten Fälle zur GoA und zum BereicherungsR, Fall 35.

II. Wertersatzpflicht gem. § 818 II BGB

Wertersatz

Nach § 818 II BGB hat der Bereicherungsschuldner Wertersatz in Geld zu leisten, wenn die Herausgabe „in natura" nicht möglich ist. 262

Unmöglichkeit i.S.d § 818 II BGB umfasst sowohl den Fall der objektiven als auch der subjektiven Unmöglichkeit.

6 Rechtsgeschäftliche Surrogate sind allerdings im Falle der verschäften Haftung herauszugeben, siehe Rn. 287.

Die Herausgabe nicht gegenständlicher Gebrauchsvorteile ist objektiv unmöglich. Gleiches gilt für die Herausgabe eines untergegangenen Gegenstandes.

Hat der Bereicherte den Gegenstand weiterveräußert, so kann zwar der Dritte aber nicht der Bereicherte selbst den Gegenstand herausgeben. Diese subjektive Unmöglichkeit genügt.

Achtung: Wurde eine herauszugebende Sache teilweise verbraucht oder beschädigt und ist daher die Herausgabe teilweise bzw. qualitativ unmöglich, so ist primär die Sache herauszugeben. Eine Wertdifferenz ist aber ggf. auszugleichen nach § 818 II BGB. 263

Der zu ersetzende Wert wird nach h.M. objektiv bestimmt (Verkehrswert). Maßgeblicher Zeitpunkt für die Bewertung ist die Entstehung des Bereicherungsanspruches.

aufgedrängte Bereicherung

Ein Problem ergibt sich bei der aufgedrängten Bereicherung. 264

Insb. bei der Verwendungskondiktion: Macht der Bereicherungsgläubiger Verwendungen auf eine Sache des Schuldners, die der Schuldner überhaupt nicht haben wollte, so ist er dennoch grds. zum Ersatz des objektiven Wertes verpflichtet.

BGH: § 1001 S. 2 BGB

Ist eine Wegnahme des Erlangten möglich, so kann nach Rspr. des BGH § 1001 S. 2 BGB entsprechend angewendet werden. Der Bereicherungsschuldner soll dem Gläubiger die Wegnahme seiner Verwendung erlauben, um sich vor dem Bereicherungsanspruch zu schützen. 265

A hat auf dem Grundstück des B eine Lagerhalle erbaut, die für B wertlos ist. Um nicht bereicherungsrechtlich zu haften, muss B dem A die Halle zum Abbruch zur Verfügung stellen (§ 1001 S. 2 BGB entsprechend).

oder §§ 1004/823 i.V.m. § 242 BGB

Wenn die Verwendungen den Tatbestand des § 1004 BGB (insb. rechtswidrig) oder § 823 BGB (insb. rechtswidrig und schuldhaft) erfüllen, kann nach Ansicht des BGH der Schuldner diese Ansprüche dem Bereicherungsanspruch entgegenhalten (§ 242 BGB).

Lit.: subjektive Wertbestimmung

Da diese Lösungsansätze nicht alle denkbaren Fälle abdecken, ist nach der Literatur der Wert des Erlangten ausnahmsweise *subjektiv* zu bestimmen. Maßgeblich ist also das *Interesse des Schuldners*. Erlangt ist nur, was dem Schuldner tatsächlich nützt. 266

Dasselbe Ergebnis wird auch mit dem Grundgedanken des § 818 III BGB begründet: Nur soweit eine echte Vermögensmehrung (noch) vorhanden ist, soll sie abgeschöpft werden. § 818 III BGB *direkt* bezieht sich aber nur auf eine *nachträgliche* Entreicherung.

Anmerkung: Zur aufgedrängten Bereicherung Hemmer/Wüst, Die 42 wichtigsten Fälle zur GoA und zum Bereicherungsrecht, Fall 37.

III. Wegfall der Bereicherung gem. § 818 III BGB

Abschöpfen der tatsächlichen Bereicherung

Bereicherungsrechtliche Ansprüche sollen nur die Bereicherung abschöpfen, die tatsächlich noch (zumindest wertmäßig) im Vermögen des Schuldners vorhanden ist. Dies gewährleistet § 818 III BGB. 267

hemmer-Methode: Ein klarer Unterschied zum Deliktsrecht in der Rechtsfolge. Deliktsrecht soll ausgleichen, was der Gläubiger *zu wenig* hat. Das Bereicherungsrecht schöpft grds. nur ab, was der Schuldner *zu viel* hat.

Entreicherung kann eintreten durch ersatzlosen (sonst § 818 I BGB) Untergang des Erlangten.

Hat der Schuldner das Erlangte weggegeben, kommt es darauf an, ob ein entsprechender Gegenwert in sein Vermögen geflossen ist.

Bei Verkauf bspw. fließt der Kaufpreis als Gegenwert zurück. Auch der Kaufpreisanspruch allein zählt schon als Vermögenswert (wenn er nicht bspw. wegen faktischer Undurchsetzbarkeit wertlos ist).

Das Vermögen mindert sich auch nicht, wenn Schulden getilgt werden, da dadurch eine gegen den Schuldner bestehende Forderung erlischt.

Wird das Erlangte verschenkt, so wird nichts im Gegenzug erworben (Luxusaufwendung). Hätte der Schuldner die Schenkung aber allemal vorgenommen, so hat er sich Aufwendungen erspart. Der Wert der ersparten Aufwendungen befindet sich noch in seinem Vermögen. Hätte er aber etwas Billigeres verschenkt, so ist er nur insoweit noch bereichert, als er für das billigere Geschenk Aufwendungen erspart hat.

Erwirbt der Schuldner mit dem Erlangten Dinge, die er unter normalen Umständen nicht erworben hätte, liegen Luxusaufwendungen vor. Durch Sie tritt Entreicherung ein, wenn der erworbene Vermögenswert später nicht mehr verwertbar vorhanden ist. 268

In diese Kategorie fällt auch der Verbrauch von Gehalts- bzw. Unterhaltsüberzahlungen für einen erhöhten Lebensstandard.

Auch wenn das Erlangte in natura oder zumindest als Gegenwert im Vermögen verbleibt, kann Entreicherung durch Aufwendungen und Folgeschäden eintreten. 269

hemmer-Methode: Ist das Erlangte noch in natura vorhanden, muss es der Schuldner in jedem Fall herausgeben. Er kann aber Zug um Zug (§ 273 BGB bzw. Saldotheorie) den Ersatz der Aufwendung/Schäden vom Gläubiger verlangen und so die Entreicherung geltend machen.

Der BGH erkennt grds. alle Vermögensnachteile, die kausal mit dem rechtsgrundlosen Erwerb zusammenhängen, als Entreicherungsgründe an. 270

Nach der Literatur werden nur solche Negativposten anerkannt, die dem Schuldner wegen seines Vertrauens auf die Beständigkeit des Erwerbs entstanden sind. 271

Die Ansichten führen bei echten Aufwendungen (freiwillige Vermögensopfer) i.d.R. nicht zu unterschiedlichen Ergebnissen. Bei echten Schäden und deren Folgekosten wird man aber nach der Meinung der Literatur die Entreicherung oft verneinen müssen.

Bsp.: *S wird vom rechtsgrundlos erworbenen Hund gebissen und muss einen Arzt aufsuchen. Der durch den Hund angerichtete Schaden ist nicht „im Vertrauen auf die Beständigkeit des Erwerbs" eingetreten. Ebenso nicht die Behandlungskosten.*

Als Entreicherungsposten nicht anerkannt ist der an einen Dritten zum Erwerb einer Sache gezahlte Kaufpreis (Rn. 181 f.).

Merke: Zu den Problemen des § 818 III BGB Hemmer/Wüst, Die 42 wichtigsten Fälle zur GoA und zum Bereicherungsrecht, Fall 38.

IV. Saldotheorie bei gegenseitigen Verträgen

Für die Rückabwicklung gegenseitiger Verträge sieht das Gesetz keine Besonderheiten vor. Beide „Vertragspartner" müssen die erhaltenen Leistungen zurückgewähren.

1. Zweikondiktionentheorie

Gesetz: Zweikondiktionentheorie

Dies geschieht nach dem Gesetz mittels zweier getrennter Ansprüche (Zweikondiktionentheorie). Diese sind zwar durch ein Zurückbehaltungsrecht miteinander verknüpft, ansonsten aber in ihrem Bestand voneinander unabhängig. 272

Als Konsequenz kann jeder „Vertragspartner" kondizieren, obwohl er sich selbst auf Entreicherung berufen kann, insb. weil sich die bei ihm befindliche Gegenleistung verschlechtert hat oder untergegangen ist.

Die Zweikondiktionentheorie geht damit zum Nachteil dessen aus, der sich nicht auf Entreicherung berufen kann. Dies ist typischerweise der ursprüngliche Sachschuldner: 273

Geldgläubiger im Nachteil

Derjenige, der Geld geleistet hat, kann in aller Regel kondizieren, da mit Geld meist kein Entreicherungsrisiko verbunden ist. Dagegen trägt der Sachschuldner bspw. das Risiko des ersatzlosen Untergangs oder einer Beschädigung der geleisteten Sache.

2. Saldotheorie

Saldotheorie

Diesem Umstand begegnet die h.M. mit der sog. Saldotheorie. Sie soll die (gewollte) vertragliche Verknüpfung von Leistung und Gegenleistung bei der Rückabwicklung erhalten. 274

Die Saldotheorie bei gegenseitigen Verträgen hat drei Aussagen: 275

3 Aussagen

a) Gleichartige Bereicherungsansprüche werden automatisch saldiert.

Dadurch entsteht von vornherein nur ein einheitlicher Bereicherungsanspruch zugunsten desjenigen, für den sich ein positiver Saldo ergibt.

Bsp.: *K hat einen Gebrauchtwagen (Wert 1.000 €) erhalten und für 1.000 € weiterverkauft. Er muss also Wertersatz gem. § 818 II BGB leisten.*

Auf Entreicherung kann er sich nicht berufen, da er einen gleichen Gegenwert erhalten hat. Dieser Anspruch des Verkäufers wird verrechnet mit seinem Rückzahlungsanspruch bzgl. des Kaufpreises i.H.v. bspw. 500 €. Nur V hat dann einen Anspruch, i.H.d. Saldos von 500 €.

b) Die Entreicherung einer Partei, wird von ihrem eigenen Anspruch abgezogen.

Dafür ist zu beachten: Der Abzug der Entreicherung kann den eigenen Anspruch maximal auf Null reduzieren.

K schuldet 1.000 € Wertersatz (§ 818 II BGB) für einen untergegangenen Gebrauchtwagen und ist auch i.H.v. 1.000 € entreichert (§ 818 III BGB). Sein Rückzahlungsanspruch bzgl. des Kaufpreises i.H.v. 500 € reduziert sich auf 0 €. Er wird nicht negativ, d.h. wandelt sich nicht in einen Gegenanspruch des Verkäufers (i.H.d. weiteren 500 €) um.

c) Soweit ungleichartige Ansprüche bestehen, werden diese automatisch durch ein Zurückbehaltungsrecht (Leistung Zug um Zug) verknüpft.

Es ist daher nicht erforderlich, den Gegenanspruch als Einrede geltend zu machen. Dies hat insbesondere Relevanz in prozessualer Hinsicht, wo Einreden ja nur berücksichtigt werden, wenn sie geltend gemacht werden. Die Saldotheorie ist aber von Amts wegen zu berücksichtigen.

Anmerkung: Zu den Wirkungen der Saldotheorie, vgl. Hemmer/Wüst, Die 42 wichtigsten Fälle zur GoA und zum Bereicherungsrecht, Fall 39.

3. Ausnahmen von der Saldotheorie

Abweichung vom Gesetz

Die Saldotheorie weicht – zum Zwecke gerechterer Ergebnisse – von der im Gesetz vorgesehenen Form der Rückabwicklung (Zweikondiktionentheorie) ab. 276

Daher muss in Ausnahmefällen zum Gesetzeswortlaut zurückgekehrt werden, wenn die Saldotheorie zu einem Ergebnis führt, das mit übergeordneten Schutzgedanken und Wertungen nicht vereinbar ist. Dabei ist wichtig: Zugunsten der entsprechenden Personen bleibt die Saldotheorie anwendbar, nur zu ihren Lasten darf sie nicht angewendet werden.

Ausnahmefälle sind:

a) Schutz nicht voll Geschäftsfähiger

beschränkt Geschäftsfähige

Zum Schutze nicht voll Geschäftsfähiger, insb. Minderjähriger, sieht das Gesetz vor, dass rechtlich nachteilige Rechtsgeschäfte ohne Zustimmung des gesetzlichen Vertreters unwirksam sind (§§ 107 ff. BGB). *277*

Werden Austauschverträge deswegen über das Bereicherungsrecht rückabgewickelt, so darf die Saldotheorie nicht angewendet werden. Denn sie zielt auf den Erhalt des vertraglichen Synallagmas. Der Minderjährige würde zum Quasi-Vertragspartner, wenn er sich nicht mehr auf Entreicherung berufen kann.

b) Arglistige Täuschung

arglistige Täuschung

Wer arglistig täuscht ist per se nicht schutzwürdig. Dies zeigt auch § 819 I BGB. Zu Gunsten des Täuschenden ist daher die Saldotheorie nicht anwendbar. *278*

c) Entreicherung aufgrund Sachmangels

Sachmängel

Geht eine erlangte Kaufsache aufgrund eines ihr innewohnenden Sachmangels beim Bereicherten unter, so kann er dennoch den vollen Kaufpreis zurückverlangen. Denn nach dem Vertrag soll der Verkäufer für Sachmängel einzustehen haben. *279*

Dies kann relevant sein, wenn der Vertrag aus einem anderen Grund als der arglistigen Täuschung des Verkäufers über den Sachmangel unwirksam ist.

> *Bspw. fehlende notarielle Beurkundung i.S.d. § 311b I S. 1 BGB und bloße Übergabe des Grundstücks. Wenn dann das auf dem Grundstück befindliche Haus wegen eines Sachmangels einstürzt, kann auf die Wertung des Sachmängelrechts verwiesen werden.*

hemmer-Methode: Der BGH bespricht diesen Fall bei einer Anfechtung nach § 119 II BGB wegen Irrtums über mangelbegründende Eigenschaften. Dann sollte man aber das Anfechtungsrecht aber (anders als bei § 123 BGB) von vornherein als von den Mängelrechten verdrängt ansehen.

d) Ausnahme von der Ausnahme: Verschuldeter Untergang

verschuldeter Untergang beim Bereicherten

Zurück zur Saldotheorie kann man im Falle des Verschuldeten Unterganges kommen. 280

Täuscht der Verkäufer den Käufer über die Mangelhaftigkeit der Kaufsache, so kann dieser wahlweise nach Anfechtung, §§ 123, 142 I BGB über § 812 ff. BGB rückabwickeln oder aber vom Kaufvertrag zurücktreten (dann §§ 346 ff. BGB).

In letzterem Fall, würde der Käufer nur bei der Einhaltung eigenüblicher Sorgfalt nicht auf Wertersatz wegen des Unterganges haften, § 346 II, III S. 1 Nr. 3 BGB. Bei grober Fahrlässigkeit greift die Einschränkung nie, vgl. § 277 BGB, so dass die Wertersatzpflicht bestehen bleibt.

Wertungen des Rücktrittsrechts

In letzterem Fall wird daher vertreten, die Rückabwicklung über §§ 812 ff. BGB könne nicht anders behandelt werden. Es soll daher die Saldotheorie auch zugunsten des Arglistigen angewendet werden. Im Ergebnis muss sich dann der Käufer den Wert seiner Entreicherung (der untergegangenen Sache) von seinem Rückzahlungsanspruch abziehen lassen. 281

hemmer-Methode: Genauso gut können Sie sagen, dass das Gesetz bei Arglist dem Käufer *die Möglichkeit gibt*, statt im Vertrag rückabzuwickeln den Vertrag ganz zu vernichten *um so* im Bereicherungsrecht den § 346 II, III S. 1 Nr. 3 BGB zu entgehen. Das kann nicht sein.

Merke: Zu den Ausnahmen der Saldotheorie, vgl. Hemmer/Wüst, Die 42 wichtigsten Fälle zur GoA und zum Bereicherungsrecht, Fall 39 und 40.

V. Verschärfte Haftung gem. §§ 818 IV, 819, 820 BGB

In vier in §§ 818 IV, 819 I, II, 820 BGB bezeichneten Fällen haftet der Bereicherungsschuldner verschärft „nach den allgemeinen Vorschriften." 282

hemmer-Methode: § 819 I BGB ist der bei weitem relevanteste Fall. Merken Sie sich zu § 818 IV, dass Rechtshängigkeit mit Zustellung der bereicherungsrechtlichen Klage eintritt (§§ 261 I, 253 I ZPO), sowie zu § 820 BGB, dass er nur in der Situation der Zweckverfehlungskondiktion (§ 812 I S. 2 Alt.2 BGB) sowie im Falle des § 812 I S. 2 Alt.1 BGB Anwendung findet. §§ 819 und 820 BGB verweisen auf § 818 IV BGB. Letzteren müssen Sie also immer mit zitieren.

1. Voraussetzungen des § 819 I BGB

Die verschärfte Haftung tritt mit der Erlangung der Kenntnis vom Mangel des rechtlichen Grundes beim Empfänger ein. 283

positive Kenntnis

Dies erfordert positive Kenntnis der Rechtsfolgen, kein bloßes Kennenmüssen. Über § 142 II BGB genügt auch positive Kenntnis der Anfechtbarkeit.

Für die positive Kenntnis reicht, wie immer, eine entsprechende Wertung in der Laiensphäre.

Problem: Minderjährige

Problematisch ist die Kenntnis insbesondere bei Minderjährigen. Es gilt nach h.M.: 284

⇨ Für die Leistungskondiktion ist auf die Kenntnis des gesetzlichen Vertreter abzustellen (§ 166 I BGB analog). Grund: Die Leistungskondiktion ist vertragsähnlich, es müssen also auch die Gedanken des Minderjährigenschutzes aus dem Vertragsrecht gelten.

⇨ Für die Nichtleistungskondiktion ist analog § 828 BGB die Kenntnis des Minderjährigen maßgeblich, da die Nichtleistungskondiktion eine dem Delikt ähnlichere Situation erfasst (str.).

Merke: Dazu Hemmer/Wüst, Die 42 wichtigsten Fälle zur GoA und zum Bereicherungsrecht, Fall 42.

2. Rechtsfolge: Verschärfte Haftung

allgemeine Vorschriften

Mit Vorliegen der entsprechenden Voraussetzungen haftet der Bereicherungsschuldner nach den *allgemeinen* Vorschriften (§§ 819/820 BGB i.V.m.) § 818 IV BGB. 285

Die allgemeinen Vorschriften, auf die § 818 IV BGB sich bezieht, sind auf jeden Fall solche, die eine Haftung nach Rechtshängigkeit voraussetzen. 286

insb. § 292 BGB

Wichtig ist neben § 291 BGB (Verzinsung) insb. § 292 BGB. Dieser ordnet allgemein für die „Herausgabe von Gegenständen" die Geltung der Vorschriften über das EBV an (§§ 987 ff. BGB).

Für Nutzungen gelten also §§ 292 II, 987 f. BGB.

Bei Untergang oder Verschlechterung gelten §§ 292 I, 989 BGB. Diese Haftung ist verschuldensabhängig. §§ 286 I S. 2, 287 S. 2 BGB (Haftung für Zufall) sind hier nicht als „allgemeine Vorschrift" anwendbar (str.). Dadurch würde die Verweisung auf die Verschuldenshaftung sinnlos. Der Schuldner müsste daher zunächst in Verzug gesetzt werden, um zu einer Zufallshaftung zu kommen.

Für Verwendungen gelten §§ 292 II, 994 ff. BGB

§ 285 BGB

Als allgemeine Vorschrift gilt im Weiteren § 285 BGB. Anders als bei § 818 I BGB sind daher auch rechtsgeschäftliche Surrogate herauszugeben.

Für reine Geldschulden gilt der Grundsatz „Geld hat man zu haben". Dies wird mit der Anwendung des § 276 BGB als „allgemeine Vorschrift" begründet. Verpflichtet man sich zur Zahlung einer Geldsumme, übernimmt man insoweit ein Beschaffungsrisiko. Diese Wertung wird über § 818 IV BGB dann auch in das Bereicherungsrecht transportiert.

hemmer-Methode: Ohne die verschärfte Haftung kann sich auch derjenige, der nur einen Geldwert erhalten hat, ggf. auf Entreicherung berufen, bspw. bei Luxusaufwendungen.

§ 3 Unerlaubte Handlungen

A. Überblick

I. Grundgedanke

Ausgleich von Eingriffen in fremden Rechtskreis

Das Recht der unerlaubten Handlungen enthält Regelungen, die darauf abzielen, Schäden auszugleichen, die durch den unerlaubten Eingriff in einen fremden Rechtskreis entstanden sind. 288

Dadurch unterscheidet es sich vom Bereicherungsrecht, das nur ungerechtfertigte Vermögensgewinne abschöpfen will. Hier steht der Schuldner im Vordergrund der Betrachtung: er hat etwas erlangt, er ist entreichert, er haftet u.U. verschärft.

Durch unerlaubte Handlungen entsteht ein gesetzliches Schuldverhältnis, bei dem der Gläubiger des Anspruchs im Vordergrund steht: Bei ihm tritt die Rechtsgutsverletzung ein, er muss einen Schaden erlitten haben.

II. Verhältnis zu anderen Vorschriften

Die Anwendung der Vorschriften über unerlaubte Handlungen ist neben vertraglichen Ansprüchen sowie neben solchen aus GoA nicht ausgeschlossen. 289

Allerdings haben diese Einfluss auf den Tatbestand deliktischer Ansprüche.

> *Vertrag und berechtigte GoA können die Rechtswidrigkeit einer deliktischen Handlung ausschließen.*
>
> *Ebenso können Haftungsmilderungen in Vertrag oder GoA (gesetzlich bspw. § 599 BGB oder § 680 BGB) den Verschuldensmaßstab bei deliktischen Ansprüchen modifizieren.*

Merke: Zum Verhältnis Delikt und Vertrag auch Hemmer/Wüst, Die 45 wichtigsten Fälle zum Deliktsrecht, Fall 3.

Die Regelungen des EBV, § 987 ff. BGB, schließen die Anwendung von Deliktsrecht grds. aus, da sie Spezialregelungen enthalten, § 993 I a.E. Nur unter den Voraussetzungen des § 992 BGB ist Deliktsrecht anwendbar. Unabhängig vom Vorliegen der Voraussetzungen des § 992 BGB gilt § 826 BGB stets auch bei Vorliegen einer Vindikationslage. 290

§ 992 setzt die Erlangung einer Sache durch Straftat oder schuldhaft verbotene Eigenmacht voraus. Für nach der Erlangung eintretende Schäden gelten §§ 992, 823 ff. BGB. Die Erlangung selbst kann aber nach § 823 BGB rückgängig gemacht werden (Bsp.: Dieb stiehlt eine Sache. Hier ist Herausgabe gem. §§ 823 I, 249 I BGB neben § 985 BGB möglich).

Zudem ist die Anwendung des Deliktsrechts anerkannt im Falle des sog. Fremdbesitzerexzesses.

M mietet eine Sache bei V. Der Mietvertrag ist unerkannt nichtig, so dass M kein Recht zum Besitz hat. Beschädigt er die Mietsache, würde er weder aus Vertrag noch – mangels Bösgläubigkeit – aus EBV haften. Das Deliktsrecht wäre eigentlich gesperrt, vgl. § 993 I a.E. Da ein Fremdbesitzer aber nicht davon ausgehen darf, sanktionslos eine ihm überlassene Sache beschädigen zu dürfen, wird gleichwohl das Deliktsrecht angewendet.

Mit dem Bereicherungsrecht besteht keinerlei Konflikt.

III. Einteilung der Vorschriften

Der Kern des Deliktsrechts ist in den §§ 823 ff. BGB geregelt. Daneben gibt es aber Spezialtatbestände in anderen Gesetzen, relevant insb. das ProdHaftG und das StVG. 291

Man kann drei Gruppen von Tatbeständen unterscheiden:

- ⇨ **Haftung für nachgewiesenes eigenes Verschulden**
  Das Verschulden des Handelnden ist nachzuweisen (§§ 823 I, II, 824-826, 830, 839 BGB).
- ⇨ **Haftung für vermutetes, eigenes Verschulden**
  Verschulden wird widerleglich (!) vermutet (§§ 831, 832, 833 S. 2, 834, 836-838 BGB, § 18 StVG).
- ⇨ **Gefährdungshaftung**
  Haftung ohne Verschulden (§§ 833 S. 1 BGB, 7 I StVG, § 1 I S. 1 ProdHaftG).

B. Grundtatbestände der Verschuldenshaftung

I. Verletzung von Rechtsgütern und sonstigen Rechten, § 823 I BGB

§ 823 I BGB gewährt Schadensersatz, wenn eines der dort genannten Rechte bzw. Rechtsgüter, oder ein „sonstiges Recht“ rechtswidrig und schuldhaft verletzt wurde.

Voraussetzungen: 292

⇨ Rechts(guts)verletzung

⇨ Handlung durch positives Tun/Unterlassen

⇨ Haftungsbegründende Kausalität

⇨ Rechtswidrigkeit

⇨ Verschulden

⇨ Schaden und haftungsausfüllende Kausalität

⇨ Ggf. Mitverschulden, Verjährung und gestörte Gesamtschuld

1. Rechts(guts)verletzung

Zentrale Voraussetzung des § 823 I BGB ist die Verletzung eines der dort genannten Rechtsgüter, des Eigentums oder sonstiger Rechte. 293

kein allgemeiner Vermögensschutz

hemmer-Methode: § 823 I BGB schützt nur ganz bestimmte Rechtspositionen. Er gewährt auf Tatbestandsebene keinen allgemeinen Vermögensschutz!

eigene Rechts(guts)-verletzung

Der Anspruchinhaber muss grds. eine *eigene* Verletzung geltend machen. 294

a) Rechtsgüter

aa) Leben

Ansprüche mittelbar Geschädigter

Verletzung des Lebens bedeutet Tötung eines Menschen. Durch diese Verletzung erwächst aber dem Geschädigten selbst kein Anspruch. Ansprüche haben dann (ausnahmsweise) nur mittelbar Geschädigte, §§ 844 f. BGB (Rn. 406 ff.). 295

> **Bsp.:** *Wird aber jemand zunächst nur an Körper oder Gesundheit verletzt und stirbt erst später an dieser Verletzung, so entstehen dem Verletzten zu Lebzeiten eigene Ansprüche wegen der Körper-/Gesundheitsverletzung. Dazu zählen insb. die Kosten der (erfolglosen) Heilbehandlung und Schmerzensgeld (§ 253 II BGB). Diese Ansprüche gehen dann auf die Erben über, § 1922 BGB.*

Merke: Dazu Hemmer/Wüst, Die 45 wichtigsten Fälle zum Deliktsrecht, Fall 4.

bb) Körper und Gesundheit

Eine Körperverletzung ist eine Verletzung der körperlichen Unversehrtheit. Eine Gesundheitsverletzung ist eine Störung der körperlichen oder geistigen Lebensvorgänge. Beide Begriffe gehen ineinander über; da sich keine unterschiedlichen Rechtsfolgen ergeben, ist eine genaue Unterscheidung aber unnötig. *296*

> ***Bsp.**: Unter Gesundheitsverletzungen wird auch die (bloße) Infektion mit einer Krankheit gefasst. Auch psychische Schäden (Schock) fallen darunter (aber Zurechnungsproblem, Rn. 323).* *296*

(1) Auch der ärztliche Heileingriff ist nach h.M. per se eine Gesundheitsverletzung. Dies gilt unabhängig davon, ob der Eingriff kunstgerecht (*lege artis*) durchgeführt wurde und unabhängig davon, ob die angestrebte Verbesserung des Gesundheitszustandes tatsächlich erreicht wurde. *297*

Ob der behandelnde Arzt einer Haftung aus § 823 I BGB unterliegt, entscheidet sich dann an der Rechtswidrigkeit, die durch eine (mutmaßliche) Einwilligung ausgeschlossen werden kann (dazu Rn. 333).

> *War der Heileingriff ungerechtfertigt aber erfolgreich, so wird der entstandene Vermögensschaden (Haftungsausfüllung) jedenfalls gering sein. In Betracht kommt aber ein immaterieller Schaden, § 253 II BGB.*

Schutz des ungeborenen Kindes

(2) Auch die Gesundheit eines ungeborenen Kindes ist geschützt. *298*

> Problematisch ist aber, dass die Verletzung vor Erlangung der Rechtsfähigkeit (mit Geburt, § 1 BGB) stattfindet. Die h.M. setzt sich aus Wertungsgründen darüber hinweg. Dafür spricht auch der Schutz des Ungeborenen in anderen Normen (insb. § 844 II S. 2 BGB).

> Eine Verletzung kann sogar darin liegen, dass eine vor Zeugung erfolgte Infektion der Mutter auf das Kind übertragen wird.

Ansprüche erwirbt das Kind aber erst mit der Geburt (§ 1 BGB).

Merke: Einzelheiten zum sog. „Nasciturus“: Hemmer/Wüst, Die 45 wichtigsten Fälle zum Deliktsrecht, Fall 10 f.

cc) Freiheit

körperliche Bewegungsfreiheit

Eine Freiheitsbeeinträchtigung erfasst nur eine Einschränkung der *körperlichen* Bewegungsfreiheit (wie bei § 239 StGB). 299

D.h. das Opfer muss durch physischen oder erheblichen psychischen Zwang (Drohung mit Gefahr für Leib oder Leben) an der Ortsveränderung gehindert werden. Nicht ausreichend ist ein bloßer Eingriff in die allgemeine Handlungsfreiheit.

hemmer-Methode: Argumentieren Sie bei der Verletzung von Rechtsgütern (Leben, Körper/Gesundheit, Freiheit) mit dem, was Sie aus dem Strafrecht kennen. Vieles stimmt hier überein.

b) Eigentum

Das Eigentum ist beispielhaft für absolute Rechte im Tatbestand des § 823 I BGB genannt. Eine Verletzung liegt vor, wenn der Eigentümer in seinem Recht, nach Belieben mit seinem Eigentum umzugehen (§ 903 BGB), gestört wird. 300

Substanzverletzungen, Sachentzug

aa) Verletzungen umfassen Substanzbeeinträchtigungen oder die Zerstörung einer Sache. Auch der Entzug einer Sache fällt darunter. 301

rechtliche Zuordnung

Verfügt ein Nichtberechtigter wirksam an einen gutgläubigen Dritten (§§ 929, 932, 935 BGB), so liegt auch darin eine Eigentumsverletzung („Verletzung der rechtlichen Zuordnung"). Ein Anspruch kann aber nie gegen den Erwerbenden bestehen: Dieser müsste dann nämlich das Eigentum wieder herausgeben, was den Wertungen der §§ 932, 935 BGB widerspräche. Der gutgläubige Erwerb ist nicht rehtswidrig. Eine Herausgabepflicht trifft nur den unentgeltlich Erwerbenden. Aber auch hier nicht gem. §§ 823 I, 249 I BGB, sondern gem. § 816 I S. 2 BGB (Rn. 183). Dazu Hemmer/Wüst, Die 45 wichtigsten Fälle zum Deliktsrecht, Fall 17.

Gebrauchsbeeinträchtigung

bb) Auch Gebrauchsbeeinträchtigungen werden unter bestimmten Umständen als Eigentumsverletzung anerkannt. Damit der Eigentumsschutz nicht zum allgemeinen Vermögensschutz mutiert, gelten aber Beschränkungen: 302

Zum einen muss der bestimmungsgemäße Gebrauch einer Sache vollständig und für jeden entzogen werden.

*„**Fleetfall**": Durch den von X schuldhaft verursachten Einsturz einer Kanalwand können die Schiffe des E dessen Betrieb nicht mehr erreichen. Ein weiteres Schiff ist beim Betrieb eingeschlossen.*

Nur für das eingeschlossene Schiff wird eine Eigentumsverletzung bejaht, da überhaupt keine Gebrauchsmöglichkeit besteht. Die ausgeschlossenen Schiffe, sind in nur einer Nutzungsmöglichkeit eingeschränkt, daher keine Eigentumsverletzung. Den gleichen Fall könnte man sich hinsichtlich einer zugeparkten Grundstückszufahrt denken, wo dann allerdings zwischen der Eigentumsverletzung am Grundstück und der am PKW zu differenzieren ist.

Merke: Klassiker hier ist der sog. „Fleetfall". Zu diesem und weiteren Fällen Hemmer/Wüst, Die 45 wichtigsten Fälle zum Deliktsrecht, Fall 13 f.

Zum anderen darf der Gebrauch nicht nur vorübergehend entzogen werden.

***Bsp.:** Durch einen Unfall wird die Zufahrt zum Betrieb des E für mehrere Stunden blockiert. Der Betrieb liegt in dieser Zeit lahm. Ein solcher Sachverhalt wurde vom BGH als unerhebliche Beeinträchtigung angesehen.*

hemmer-Methode: Die Abgrenzung zwischen bloßer Gebrauchsbeeinträchtigung und Eigentumsverletzung ist insgesamt recht schwammig. Im Ernstfall ist also eigenständige Argumentation anhand der zwei genannten Kriterien gefragt. – Sie müssen die Diskussion um den Gebrauchsentzug zwar ansprechen, aber nicht entscheiden, wenn ein anderes Rechtsgut oder Recht verletzt wurde. 303

weiterfressende Mängel

cc) Sog. „weiterfressende Mängel" sind ein weiteres Problemfeld im Eigentumsbegriff. 304

Eine Kaufsache hat einen Mangel, aufgrund dessen sie später zerstört oder in weiterem Umfang beschädigt wird.

Fraglich ist, ob in dieser Konstellation dem Käufer neben Sachmängelrechten auch ein Anspruch aus § 823 I BGB wegen Eigentumsverletzung zusteht.

Stoffgleichheit

Der BGH argumentiert folgendermaßen: Soweit nicht der Mangelunwert bei Gefahrübergang und der bei § 823 I BGB geltend gemachte Schaden „stoffgleich" (d.h. gleichwertig) sind, wird durch die späteren Wirkungen des Mangels (Zerstörung der Gesamtsache) zunächst nicht betroffenes Eigentum des Käufers beeinträchtigt.

Es liegt daher eine Eigentumsverletzung i.S.d. § 823 I BGB vor.

Ist also bspw. nur ein Einzelteil schadhaft, das ohne großen Aufwand und Kosten ausgetauscht hätte werden können (geringer Mangelunwert), so liegt eine Eigentumsverletzung an der Gesamtsache vor, wenn das Einzelteil die Zerstörung zur Folge hat.

Integritätsinteresse, nicht Äquivalenzinteresse

Geltend macht der Käufer über § 823 I BGB dann nicht das nur vom Vertragsrecht erfasste Interesse des Käufers, einen seinem Kaufpreis entsprechenden Gegenwert zu erhalten (Äquivalenzinteresse). Vielmehr ist sein von § 823 I BGB geschütztes Interesse am Erhalt seiner Sache (Integritätsinteresse) betroffen.

hemmer-Methode: Das ist nicht unumstritten. Nach a.A. erwirbt der Käufer nie mangelfreies Eigentum. Das Eigentum an der Sache ist von vornherein belastet mit dem Schicksal unterzugehen. – Dem BGH ging es v.a. darum, den Käufer angesichts unzureichender vertraglicher Mängelrechte zu schützen. Insb. wurde die Verjährung als zu kurz angesehen. Ob dies nach der Schuldrechtsreform, die die Mängelrechte (und auch die Verjährung) erheblich ausgeweitet hat, noch so gelten kann oder muss, ist fraglich, und wurde bislang vom BGH auch nicht entschieden.

Unstrittig ist § 823 I BGB aber nicht anwendbar, soweit es um die bloße Verschaffung mangelhaften Eigentums geht. Dies deshalb, weil der Käufer den Kaufgegenstand bereits mangelhaft erhalten hat. Dementsprechend hatte er nie Eigentum an einer mangelfreien Sache. Insoweit ist nur das Äquivalenzinteresse betroffen.

Merke: Einen „Weiterfresser-Fall" finden Sie in Hemmer/Wüst, Die 45 wichtigsten Fälle zum Deliktsrecht, Fall 16.

c) Sonstige absolute Rechte

Sonstige Rechte sind eigentumsähnliche, also verabsolutierte Rechte. Dies geht aus dem Zusammenhang mit dem Begriff Eigentum hervor. Wie das Eigentum müssen diese Rechte über eine Ausschlussfunktion und eine Nutzungsfunktion verfügen. 305

aa) Dingliche Rechte

dingliche Rechte und Anwartschaftsrecht

Alle dinglichen Rechte sind als absolute Rechtspositionen sonstige Rechte i.S.d. § 823 I BGB. Auch das Anwartschaftsrecht als „wesensgleiches Minus“ zum Vollrecht Eigentum ist geschützt. Zu nennen sind hier insbesondere Pfandrechte an Sachen. 306

bb) Besitz

berechtigter Besitz

Der Besitz per se ist ein *tatsächlicher* Umstand und kein Recht (vgl. aber Rn. 353 zum Schutz über § 823 II BGB). Der berechtigte Besitz wird aber als absolute Rechtsposition anerkannt. Denn durch das Recht zum Besitz erlangt der Besitzer i.d.R. auch ein Nutzungsrecht (Nutzungsfunktion). Da er ein Recht zum Besitz hat, kann er sogar den Eigentümer während der Vertragszeit von der Nutzung ausschließen, vgl. § 986 I BGB (Ausschlussfunktion). 307

hemmer-Methode: Beachten Sie den Unterschied zwischen einer Verletzung des Eigentums durch Besitzentzug (Rn. 301) und der Verletzung des Besitzes als sonstigem Recht.

cc) Immaterialgüterrechte

Immaterialgüterrechte wie das Urheberrecht und das Patentrecht fallen unter den Schutz des § 823 I BGB. 308

dd) Eingerichteter und ausgeübter Gewerbebetrieb

Das „Recht am eingerichteten und ausgeübten Gewerbebetrieb“ (ReaG) ist von der Rspr. als sonstiges Recht anerkannt worden. 309

unzureichender Schutz

Der Gesetzgeber schützt den Unternehmer nämlich nur fragmentarisch. *Einzelne Eigentumsgegenstände* werden über § 823 I BGB geschützt. Schädigungen eines Unternehmens zu *Wettbewerbszwecken* werden über das Wettbewerbsrecht erfasst. Kredit- oder erwerbsgefährdende unwahre *Tatsachenbehauptungen* gegen den Unternehmer werden von § 824 BGB erfasst. Eine *vorsätzliche* Schädigung wird von § 826 BGB erfasst. Es besteht kein Schutz für das Unternehmen *als solches*.

Das ReaG umfasst sämtliche Güter und Interessen, die mit einem Betrieb in Zusammenhang stehen und dessen Wert ausmachen.

Dazu zählen der Bestand des Betriebes, seine Erscheinungsform, Geschäftsverbindungen, Kundenstamm, Warenbezeichnungen etc.

restriktive Anwendung des ReaG

Um eine unbeschränkte Ausweitung dieses sog. „Rahmenrechtes" zu verhindern, müssen aber folgende restriktive Voraussetzungen erfüllt sein. 310

⇨ **Eingriff in einen eingerichteten und ausgeübten Gewerbebetrieb**: Geschützt sind nur auf Dauer angelegte und auf Gewinnerzielung gerichtete Betriebe. Der Gewerbebegriff umfasst auch Freiberufler, nicht nur Gewerbetreibende i.S.d. HGB.

Subsidiarität

⇨ **Subsidiarität**: Das ReaG greift nur, wenn sich keine Ansprüche aus anderen Vorschriften ergeben (insb. die oben genannten).

unmittelbarer Eingriff

⇨ **Betriebsbezogener Eingriff**: Es muss ein unmittelbarer („betriebsbezogener") Eingriff vorliegen. Daran fehlt es insbesondere, wenn primär Rechtsgüter oder Rechte Dritter verletzt werden und der Betrieb nur mittelbar darunter leidet.

Eine bloß mittelbare Betriebsverletzung liegt bspw. in der Verletzung einer betriebswesentlichen Person durch einen Verkehrsunfall oder in der Beeinträchtigung des Betriebes durch eine Unterbrechung der Stromversorgung oder in einer unfallbedingten vorübergehenden Sperrung der Betriebszufahrt.

Folgende Fallgruppen sind anerkannt: unberechtigte Schutzrechtsverwarnungen, rechtswidrige Streiks und die Verbreitung schädigender Werturteile und negativer wahrer Tatsachen (Warentests).

hemmer-Methode: Halten Sie sich an diese Fallgruppen und beachten Sie die Subsidiarität. Es empfiehlt sich, vorrangige Ansprüche vorweg zu prüfen. Inzidentprüfungen im Punkt Subsidiarität werden leicht unübersichtlich. Beachten Sie auch die weiteren Probleme bei der Rechtswidrigkeit (Rn. 328).

Merke: Dazu Hemmer/Wüst, Die 45 wichtigsten Fälle zum Deliktsrecht, Fälle 26 und 27.

ee) Gegenbeispiel: Forderungen

Nicht zu den von § 823 I BGB geschützten Rechten gehören bloße schuldrechtliche Forderungen. Sie sind relative Rechte, die nur zwischen den Vertragsparteien gelten; sie sind nicht verabsolutiert. 311

> ***Bsp.:*** *V verkauft einen Oldtimer an K. Noch vor der Übereignung überredet X den V erfolgreich, an ihn zu verkaufen und zu übereignen. Dafür bietet X einen wesentlich höheren Preis und ist auch bereit, den V von Schadensersatzansprüchen des K freizustellen.*
>
> Ein Anspruch des K gegen X aus § 823 I BGB besteht nicht, u.U. jedoch aus § 826 BGB (vgl. Rn. 368).

d) Allgemeines Persönlichkeitsrecht

Art. 1 I, 2 I GG

Auch die Persönlichkeit des Einzelnen wird vom BGB nicht hinreichend geschützt. Deshalb hat die Rspr. das „allgemeine Persönlichkeitsrecht“ auf Grundlage der Art. 1 I, 2 I GG als Rahmenrecht i.S.d. § 823 I BGB anerkannt. 312

> *Eine Beschränkung auf vorsätzliche Schädigungen, § 826 BGB, oder vorsätzliche Ehrverletzungen, § 823 II BGB i.V.m. § 185 ff. StGB ist unzureichend. Dies gilt insb. im Lichte der Art. 1 I und 2 I GG.*

Subsidiarität

Auch für das allgemeine Persönlichkeitsrecht gilt der Grundsatz der Subsidiarität.

Anerkannte Fallgruppen eines Eingriffes in den Schutzbereich sind:

- ⇨ **Eindringen in die Privatsphäre**: heimliche Bild- oder Tonaufnahmen, Öffnen fremder Post etc.
- ⇨ **Weitergabe von Angelegenheiten aus der Privatsphäre**: Veröffentlichung persönlicher Aufzeichnungen (insb. Tagebücher) oder des Bildes, Weitergabe ärztlicher Aufzeichnungen, verfälschte Darstellung eines Lebensbildes.
- ⇨ **Ehrverletzungen**: v.a. fahrlässige ehrverletzende Äußerungen.

Vererblichkeit

Die vermögenswerten Bestandteile des Persönlichkeitsrechtes werden als vererblich angesehen. Dazu zählt v.a. die Nutzung von Name oder Bild zu Werbezwecken. Der Erbe kann „postmortale Verletzungen“ in einem eigenen Anspruch geltend machen. 313

hemmer-Methode: Beachten Sie auch beim allgemeinen Persönlichkeitsrecht v.a. die Subsidiarität. Weitere Probleme ergeben sich in der Rechtswidrigkeit (Rn. 328).

2. Handlung/Unterlassen

willensgesteuertes Verhalten

Die Verletzung muss durch ein Verhalten des Anspruchgegners eingetreten sein. Dafür ist jedes *willensgesteuerte* Tun oder Unterlassen relevant. 314

Tun/Unterlassen

Es muss zwischen Tun und Unterlassen unterschieden werden, da ein Unterlassen nur bei einer Pflicht zum Handeln zurechenbar ist.

Schwerpunkt der Vorwerfbarkeit

Die Abgrenzung richtet sich nach dem Schwerpunkt der Vorwerfbarkeit. 315

Das Halten („Tun“) eines bissigen Hundes zum eigenen Schutz ist als solches nicht vorwerfbar. Ihm aber in Gegenwart anderer Personen keinen Maulkorb anzulegen („Unterlassen“) ist vorwerfbar.

Unterlassen nur relevant bei Handlungspflicht

Handlungspflichten können aus der vertraglichen Übernahme, aus gesetzlichen Schutz- und Überwachungspflichten oder auch aus pflichtwidrigem Vorverhalten entstehen. 316

hemmer-Methode: Das ist wie im Strafrecht – „Unterlassensstrafbarkeit nur bei Garantenstellung“. Allerdings wird bei den zivilrechtlichen Handlungspflichten großzügiger verfahren.

Verkehrssicherungspflichten

Insbesondere relevant sind die sog. Verkehrssicherungspflichten. Diese sind entweder ausdrücklich geregelt (*bspw. eine Streupflicht im Winter*) oder aber von der Rspr. entwickelt und gewohnheitsrechtlich anerkannt. 317

Als Grundlage für die Argumentation gilt hier:

Wer eine Gefahrenquelle schafft, muss i.R.d. Zumutbaren dafür sorgen, dass sich diese Gefahren nicht in Verletzungen anderer realisieren.

Konkret im obigen Beispiel: „Wer einen bissigen Hund hält, muss dafür sorgen, dass dieser nicht andere Menschen verletzt.“

hemmer-Methode: Verkehrssicherungspflichten begegnen Ihnen auch bei aktivem Handeln. Mit einem Verstoß gegen sie wird bei sog. mittelbaren Verletzungen i.R.d. Lehre vom Handlungsunrecht die Rechtswidrigkeit belegt. Ein Verstoß gegen eine Verkehrssicherungspflicht begründet auch einen Fahrlässigkeitsvorwurf im Verschulden.

3. Haftungsbegründende Kausalität

Die Rechts(guts)verletzung muss durch das Verhalten des Anspruchsgegners verursacht sein und ihm zugerechnet werden können. 318

hemmer-Methode: Hier geht es zunächst um einen Zusammenhang zwischen einem Verhalten und der Rechts(guts)verletzung. In der haftungsausfüllenden Kausalität geht es dann um einen Zusammenhang zwischen der Verletzung und einem Vermögensschaden. Die Prüfungspunkte sind aber in beiden Fragen weitestgehend dieselben.

Die Beweislast für die Kausalität trägt nach allgemeinen Grundsätzen der Anspruchsteller. Lässt sich bei mehreren Beteiligten die Kausalität nicht auf einen bestimmten Beteiligten zurückführen, so enthält § 830 I S. 2 BGB einen Sondertatbestand (Rn. 389).

a) Kausalität (Äquivalenztheorie)

Äquivalenztheorie

Die Verursachung (Kausalität) bestimmt sich nach der Äquivalenztheorie. Kausalität liegt vor, wenn ein Tun nicht hinweggedacht bzw. die gebotene Handlung nicht hinzugedacht werden kann, ohne dass die Verletzung mit an Sicherheit grenzender Wahrscheinlichkeit entfiele. 319

b) Objektive Zurechnung

aa) Adäquanztheorie

Adäquanztheorie

Nach der Äquivalenztheorie sind auch solche Ursachen erfasst, die außerhalb aller Lebenserfahrung liegen. Dies geht jedoch nach allgemeiner Meinung zu weit. Es ist daher nach der sog. Adäquanztheorie zu prüfen, ob eine Ursache generell und nicht nur unter extrem ungewöhnlichen Umständen zur Rechts(guts)verletzung führen würde. 320

Bsp.: Erleidet jemand eine Hirnblutung aufgrund der Aufregung über eine geringfügige Ehrverletzung, so liegt dies nicht mehr innerhalb der allgemeinen Lebenserfahrung. Eine nicht ganz unübliche Schadensneigung unterbricht die Zurechnung aber nicht.

Wenn der Schädiger es gerade auf die Verwirklichung eines ungewöhnlichen Kausalverlaufs angelegt hat (Vorsatz), so wird in jedem Fall zugerechnet.

bb) Schutzzweck der Norm

Ein weiteres einschränkendes Kriterium ist, ob der Schutzzweck des § 823 I BGB gerade auch vor den eingetretenen Verletzungen schützen soll.

(1) Willensentschlüsse des Verletzten oder Dritter

Grds. kein Schutz vor Selbstverletzungen

§ 823 I BGB soll grds. nicht vor Selbstschädigungen schützen. Ebenso sollen einem äquivalent Ursächlichen grds. nicht solche Rechtsgutsverletzungen zugerechnet werden, die maßgeblich durch das Dazwischentreten Dritter begründet wurden. 321

Herausforderungsfälle

Eine Selbstverletzung fällt nur dann unter den Schutzzweck der Norm, wenn der Verletzte

- ⇨ tatsächlich zu der Selbstverletzung **herausgefordert wurde** (sonst schon keine äquivalente Kausalität),
- ⇨ sich **herausgefordert fühlen durfte** (Dies ist der Fall, wenn er zumindest eine im Ansatz billigenswerte Motivation hat, kein unangemessenes Risiko eingeht und insgesamt vernünftig handelt),
- ⇨ und sich mit der Rechtsgutsverletzung das **herausforderungstypische Risiko realisiert** und nicht nur das allgemeine Lebensrisiko.

Bsp.: Ein Polizist darf sich herausgefordert fühlen, einen Dieb zu verfolgen. Jeder darf sich zur allgemeinen Hilfeleistung (insb. bei § 323c StGB) herausgefordert fühlen (Rn. 34).

Merke: Dazu Hemmer/Wüst, Die 45 wichtigsten Fälle zum Deliktsrecht, Fälle 20 und 21.

hemmer-Methode: Hier wird eine *Wertung* vorgenommen – *Soll* der Betreffende haften oder nicht? Sie müssen also innerhalb der genannten Prüfungspunkte argumentieren.

Dazwischentreten Dritter

Vergleichbares wie für die Selbstschädigung gilt für ein Dazwischentreten Dritter. Die Zurechnung wird nicht durch den Willensentschluss des Dritten unterbrochen, wenn dieser durch das Vorverhalten herausgefordert wurde und sich im Handeln des Dritten das typische, mit der Herausforderung verbundene Risiko entfaltet. 322

> ***Bsp.:*** *A hat das Auto des B geliehen und lässt nach Gebrauch den Schlüssel stecken. Dies sieht D und stiehlt das Auto. Die Eigentumsverletzung ist hier auch dem A zuzurechnen.*

Merke: Zum Drittschädigerverhalten Hemmer/Wüst, Die 45 wichtigsten Fälle zum Deliktsrecht, Fall 22 (dort eine Frage der haftungsausfüllenden Kausalität) und Fall 28.

(2) Schockschäden

Ein Zurechnungsproblem ergibt sich auch bei Schockschäden. 323

Gesundheitsverletzung

Achtung: Zunächst einmal muss der „Schock" eine Rechtsgutsverletzung, d.h. Gesundheitsverletzung, darstellen.

> *Unzureichend ist „normaler" Schmerz oder Trauer; eine Gesundheitsverletzung liegt aber jedenfalls dann vor, wenn eine ärztliche Behandlung erforderlich war.*

Beim Opfer einer Verletzung selbst wird dem Schädiger ein verletzungsbedingter Schock in aller Regel zugerechnet.

allgemeines Lebensrisiko

Problematischer sind Schockschäden Dritter. Wird bspw. ein Unbeteiligter Zeuge eines Unfalls und erleidet deswegen einen Schock, so realisiert sich damit lediglich das **allgemeine Lebensrisiko**. Dies ist dem Schädiger i.d.R. nicht zuzurechnen. 324

Merke: Vgl. aber auch die Argumentation in Hemmer/Wüst, Die 45 wichtigsten Fälle zum Deliktsrecht, Fall 6.

nahe Angehörige

Großzügiger ist mit nahen Angehörigen (auch Verlobte und Lebensgefährten) zu verfahren. Soweit der Schock im Hinblick auf seinen Anlass verständlich ist, wird dieser Schock dem Schädiger zugerechnet.

Bsp.: *Mutter M erleidet einen Schock, als sie mit ansehen muss, wie ihr Kind bei einem Verkehrsunfall schwer verletzt wird. Beachten Sie: die Anwesenheit am Unfallort ist aber keine notwendige Voraussetzung für die Ersatzfähigkeit. Auch die Übermittlung der Nachricht durch Dritte ist ausreichend.*

4. Rechtswidrigkeit

a) Erfolgs- oder Handlungsunrecht

Erfolgsunrecht

Nach der klassischen Lehre vom Erfolgsunrecht, der die Rspr. letztlich folgt, wird die Rechtswidrigkeit vom Tatbestand indiziert. *325*

Handlungsunrecht

Anders die Lehre vom Handlungsunrecht: Rechtswidrigkeit liegt nach ihr nur vor, wenn das schädigende Verhalten gegen ein Gebot, Verbot oder eine besonders zu beachtende Sorgfalt verstößt. Hierfür wird dann insb. auch der Verstoß gegen die sog. Verkehrs(sicherungs)pflichten relevant. *326*

hemmer-Methode: Folgen Sie der Lehre vom Erfolgsunrecht, so müssen Sie die Frage der Verkehrssicherungspflicht entweder bereits als Zurechnungsfrage (insb. beim Unterlassen) oder aber als Verschuldensfrage (insb. bei mittelbaren Verletzungen) diskutieren.

Einen vermittelnde Ansicht wendet bei unmittelbaren Verletzungen die Lehre vom Erfolgsunrecht an, bei mittelbaren Verletzungen (d.h. solchen, die räumlich/zeitlich weit entfernt von der relevanten Handlung sind) aber die vom Handlungsunrecht.

Ebenso wird Unterlassen nach diesem Grundsatz beurteilt (vgl. aber schon Rn. 317).

Letztlich spricht mehr für die in der Rspr. vorherrschende Lehre vom Erfolgsunrecht, denn insb. Sorgfaltspflichtverstöße sind eine Frage des Verschuldens, nicht aber der Rechtswidrigkeit. *326*

I.R.d. § 823 BGB kommt es auf den Meinungsstreit in aller Regel nicht an. Scheitert der Anspruch nach der Lehre vom Handlungsunrecht an der Rechtswidrigkeit, so scheitert er nach der Lehre vom Erfolgsunrecht im Verschulden. *327*

Unterschiede

Relevante Unterschiede ergeben sich für:

- die Reichweite des Notwehrrechts (§ 227 BGB), das nur gegen einen rechtswidrigen Angriff gestattet ist;
- die Gehilfenhaftung in § 831 BGB, die ein rechtswidriges aber kein schuldhaftes Handeln des Gehilfen voraussetzt.

b) Rahmenrechte

positiver RW-Nachweis bei Rahmenrechten

Für Rahmenrechte, also das Recht am eingerichteten und ausgeübten Gewerbebetrieb (ReaG) und das allgemeine Persönlichkeitsrecht, passen die herkömmlichen Theorien zur Rechtswidrigkeit nicht. Die Rechtswidrigkeit ist vielmehr in jedem Einzelfall anhand einer Interessenabwägung besonders zu prüfen. 328

Interessenabwägung

Dabei sind die Interessen des Eingreifenden an seinem Handeln gegen das Integritätsinteresse des Geschädigten abzuwägen.

Relevant für die Abwägung sind insb. die Ausübung von Grundrechten (bspw. die Rechte des Art. 5 GG: Meinungs-, Presse und Kunstfreiheit, oder auch Art. 12 GG: Berufsfreiheit). Darüber hinaus können je nach Fall auch andere berechtigte Interessen herangezogen werden.

Beruht die Verletzung auf der Bekanntmachung von Tatsachen, so müssen diese freilich sorgfältig und fair ermittelt worden sein und dürfen nicht entstellt wiedergegeben werden. 329

Warnt eine Zeitschrift auf Grundlage eines Tests vor einem gefährlichen Produkt, so stehen dem ReaG die Pressefreiheit und v.a. auch das Sicherheitsinteresse der Öffentlichkeit entgegen. Um in der Abwägung zu bestehen, muss der Test auf jeden Fall objektiv und fair gewesen sein.

Eingriffssphären beim allgemeinen Persönlichkeitsrecht

I.R.d. Persönlichkeitsrechts ist zusätzlich nach der Intensität des Eingriffs zu unterscheiden: 330

- Ein Eingriff in die **Individualsphäre** (Beziehungen des Einzelnen zu seiner Umwelt, insb. berufliche Tätigkeit) kann bei überwiegenden Interessen gerechtfertigt sein.
- Schwieriger aber nicht unmöglich ist dies bei der **Privatsphäre** (häuslicher/familiärer Bereich).
- Eingriffe in die **Intimsphäre** („Kern der Persönlichkeit", insb. Gedanken und Gefühlswelt, auch gegenständlich ausgedrückt in Briefen oder Tagebüchern) sind **immer rechtswidrig**.

Merke: Vgl. Hemmer/Wüst, Die 45 wichtigsten Fälle zum Deliktsrecht, Fall 25 zur Abwägung beim allgemeinen Persönlichkeitsrecht.

c) Rechtfertigungsgründe

Die Rechtswidrigkeit ist in jedem zuvor erörterten Fall ausgeschlossen, wenn Rechtfertigungsgründe vorliegen. *331*

aa) § 227 BGB regelt die Notwehr (wie § 32 StGB).

bb) Der Eingriff in eine Sache, um eine von dieser ausgehende Gefahr abzuwehren, wird von § 228 BGB (Defensivnotstand) erfasst. Eingriffe in Sachen, um sonstige Gefahren abzuwehren, regelt § 904 S. 1 BGB (Aggressivnotstand) (Zum Folgeproblem § 904 S. 2 BGB Hemmer/Wüst, Die 45 wichtigsten Fälle zum Deliktsrecht, Fall 24). Wird im Interesse des Eigentümers in dessen Sachen eingegriffen, *bspw. um den Eigentümer vor Schaden zu bewahren*, so ist dies von der berechtigten GoA erfasst, §§ 677, 683 BGB. Diese ist Rechtfertigungsgrund (Rn. 47).

cc) § 859 regelt die Selbsthilfe des Besitzers.

Einwilligung

dd) Auch die Einwilligung des Verletzten kann die Rechtswidrigkeit ausschließen. *332*

Einsichtsfähigkeit

Die Einwilligung ist kein Rechtsgeschäft. Sie kann daher auch von einem nicht voll Geschäftsfähigen erklärt werden, ist aber nur wirksam, wenn dieser die nötige Einsichtsfähigkeit hatte, um Verletzung und Folgen abzuschätzen.

Willensmängel

Die Einwilligung kann ausdrücklich oder konkludent erklärt werden. Sie muss frei von Willensmängeln sein und sich auf den eingetretenen Verletzungserfolg beziehen. *333*

Aufklärungspflicht beim Heileingriff

Bei der ärztlichen Heilbehandlung muss der Patient über die Art des Eingriffs und mögliche unvermeidbare Folgen aufgeklärt werden (Aufklärungspflicht), damit die Einwilligung wirksam ist.

Auch eine fehlerfrei erklärte Einwilligung bezieht sich aber nur auf die mit der Behandlung verbundenen unvermeidbaren Risiken, nicht auf Fehler in der Diagnose, Behandlung oder Nachsorge (Behandlungsfehler).

Merke: Dazu Hemmer/Wüst, Die 45 wichtigsten Fälle zum Deliktsrecht, Fall 21.

hemmer-Methode: Die Einhaltung der Aufklärungspflicht muss der Arzt beweisen. Liegt aber ein weitergehender Behandlungsfehler vor, so liegt die Beweislast für diesen grds. beim Patienten.

Handeln auf eigene Gefahr

Dass sich die Einwilligung auf den Verletzungs*erfolg* beziehen muss, wird relevant, wenn sich jemand bewusst in eine Gefahrsituation begibt („Handeln auf eigene Gefahr“). 334

Bspw. Mitfahrt bei Fahrer ohne Führerschein oder alkoholisiertem Fahrer; Verletzungen bei gefährlichen Sportarten.

Eine konkludente Einwilligung in die *mögliche* Schädigung wird heute weitgehend abgelehnt, denn der Schädigungserfolg ist nicht gewollt.

Lösung über § 254 BGB

Der Geschädigte, der die Gefahr erkennt, muss sich aber ein Mitverschulden (§ 254 I BGB) anrechnen lassen.

Bei regelgerechtem Verhalten bei Mannschaftssportarten wird es aber als widersprüchlich angesehen, sich erst bewusst in eine Gefahr zu begeben und dann Schadensersatz zu verlangen. Dies führt zu einer Versagung des Anspruchs unter dem Gesichtspunkt des venire contra factum proprium (§ 242 BGB).

Merke: Zum Handeln auf eigene Gefahr Hemmer/Wüst, Die 45 wichtigsten Fälle zum Deliktsrecht, Fall 23.

mutmaßliche Einwilligung

Kann eine Einwilligung nicht eingeholt werden, so kommt eine *mutmaßliche Einwilligung* in Betracht. 335

5. Verschulden

Der Schädiger muss die Verletzung schuldhaft, d.h. vorsätzlich oder fahrlässig, herbeigeführt haben. 336

Das Verschulden muss sich also auf die Rechts(guts)-verletzung beziehen, nicht aber auf den dadurch entstehenden Schaden (anders aber bei § 826 BGB!).

Vorsatz und Fahrlässigkeit entsprechen dabei den in § 276 I BGB gebrauchten Begriffen. 337

Vorsatz

Für vorsätzliches Handeln genügt bedingter Vorsatz. Bedingt vorsätzlich handelt, wer die Gefahr der Verletzung erkennt und ihre Verwirklichung in Kauf nimmt.

Fahrlässigkeit (§ 276 II BGB)

Fahrlässig handelt, wer die im Verkehr erforderliche Sorgfalt nicht beachtet (§ 276 II BGB).

hemmer-Methode: Argumentieren Sie für den Vorsatz strafrechtlich. Auf Detailprobleme kommt es aber im Zivilrecht praktisch nie an. Zu beachten ist allerdings, dass im Zivilrecht nicht die Schuldtheorie, sondern die Vorsatztheorie gilt. Daher zählt das Bewusstsein der Rechtswidrigkeit zum Vorsatz.

eigenes Verschulden

In § 823 I BGB wird für *eigenes* Verschulden gehaftet. Eine Zurechnung über § 278 BGB ist nicht möglich. Zwar begründet die unerlaubte Handlung ein gesetzliches Schuldverhältnis, was als Sonderverbindung für § 278 BGB eigentlich ausreichend ist. Allerdings liegt dieses bei Vornahme der unerlaubten Handlung noch nicht vor. 338

Wurde eine schädigende Handlung für einen anderen ausgeführt, so kann der Geschäftsherr wegen (vermuteten) eigenen Verschuldens aus § 831 BGB haften. Es lassen sich aber auch Organisationspflichten (i.S.v. Verkehrspflichten) begründen – auch Auswahl- bzw. Überwachungspflichten i.S.d. § 831 BGB – deren schuldhaft unterlassene Erfüllung einen Anspruch aus § 823 I BGB gegen den Geschäftsherrn begründet. Das Verschulden des Geschäftsherrn ist dafür aber vom Geschädigten darzulegen.

Merke: Dazu Hemmer/Wüst, Die 45 wichtigsten Fälle zum Deliktsrecht, Fall 37.

§ 31 BGB bei Organverschulden

Juristischen Personen und Personengesellschaften sind die *Handlungen und das Verschulden* ihrer Vorstände und verfassungsmäßig berufener Vertreter *als eigene* über § 31 BGB zuzurechnen. 339

Relevante „Vorstände" sind neben dem Vereinsvorstand der Vorstand einer AG, Geschäftsführer einer GmbH und auch geschäftsführende Gesellschafter einer OHG, KG oder auch einer GbR.

Verfassungsmäßig berufene Vertreter sind alle Personen, denen tatsächlich (nicht unbedingt im Gesellschaftsvertrag!) wesentliche Funktionen einer juristischen Person zur eigenverantwortlichen Erfüllung zugewiesen sind.

hemmer-Methode: Eigentlich gilt § 31 BGB nur für den rechtsfähigen Verein. Sein Anwendungsbereich ist aber von der Rspr. zunächst auf alle juristischen Personen, dann auf die Personengesellschaften ausgeweitet worden.

Ein *Organisationsverschulden* wird im Übrigen auch angenommen, wenn eine Gesellschaft für wesentliche Bereiche *keinen* verfassungsmäßig bestellten Vertreter i.S.d. § 31 BGB bestimmt (dessen Verschulden man zurechnen könnte). Insgesamt wird damit der Anwendungsbereich des § 831 BGB weitgehend zurückgedrängt.

a) Modifizierungen des Verschuldensmaßstabes

aufgrund Gesetzes

Der Verschuldensmaßstab des § 823 I BGB kann aufgrund Gesetzes modifiziert werden. 340

> **Bsp.:** *Gem. § 1664 BGB haften Eltern nur für eigenübliche Sorgfalt (§ 277 BGB).*

Übertragung von Haftungserleichterungen

Auch Haftungserleichterungen, die von Gesetzes wegen oder aufgrund einer Vereinbarung in einem Vertragsverhältnis gelten, werden in aller Regel auf konkurrierende deliktische Ansprüche übertragen. So werden Wertungswidersprüche vermieden. 341

> **Bsp.:** *GbR, §§ 276 I S 1, 708, 277 BGB a.E. – Auch ein frei vereinbarter, geringerer Haftungsmaßstab innerhalb eines Vertrages muss übertragen werden.*
>
> *Ebenfalls übertragen wird die Privilegierung des § 680 BGB im vertragsähnlichen Rechtsverhältnis der GoA, wenn das Geschäft der Gefahrenabwehr dient (Rn. 47).*

Merke: Dazu Hemmer/Wüst, Die 45 wichtigsten Fälle zum Deliktsrecht, Fall 26.

freie Vereinbarung

Freie Haftungsmilderungen können nur in den Grenzen von § 276 III BGB (kein Ausschluss für Vorsatz) sowie §§ 138, 242 BGB vereinbart werden. In AGBs gelten §§ 307 ff. BGB (insb. § 309 Nr. 7 BGB). 342

hemmer-Methode: Beachten Sie aber, dass nach der Rspr. für „eigenübliche Sorgfalt" *im Straßenverkehr* kein Raum ist. Gehaftet wird immer auch für einfache Fahrlässigkeit.

b) Verschuldensfähigkeit

Verschulden setzt Verschuldensfähigkeit voraus. 343

Bewusstlosigkeit etc.

Diese fehlt gem. § 827 S. 1 BGB bei Bewusstlosigkeit oder Störung der Geistestätigkeit. Ein Verschulden kann aber in dem Versetzen in einen Rausch liegen (§ 827 S. 2 BGB).

Minderjährige

§ 828 BGB enthält eine gestufte Regelung für Minderjährige. Deliktsunfähig sind Minderjährige bis sieben Jahre, § 828 I BGB, und solche bis 10 Jahre bei einem fahrlässigen Unfall mit einem Kraftfahrzeug (o.ä.), § 828 II BGB. Ansonsten kommt es auf die Einsichtsfähigkeit an, § 828 III BGB.

§ 828 II BGB gilt nicht im ruhenden Verkehr, bspw. wenn ein Kind mit seinem Fahrrad ein parkendes Kfz beschädigt. Im ruhenden Verkehr liegt keine besondere „Überforderungssituation" vor.

Merke: Dazu Hemmer/Wüst, Die 45 wichtigsten Fälle zum Deliktsrecht, Fall 1.

hemmer-Methode: Bei fehlender Verschuldensfähigkeit kann sich ein Anspruch aber aus § 829 BGB („Billigkeitshaftung") ergeben.

6. Schaden und haftungsausfüllende Kausalität

Über § 823 I BGB werden Vermögensschäden und immaterielle Schäden ersetzt, die *durch* eine Rechts(guts)-verletzung entstanden sind.

a) Schadensfeststellung

Zunächst muss das Vorhandensein eines Schadens festgestellt werden. **344**

Schäden sind unfreiwillige Einbußen. Erfasst werden grds. Vermögensschäden und immaterielle Nichtvermögensschäden.

Differenzhypothese

Für die Feststellung von Vermögensschäden gilt die Differenzhypothese. Ein Schaden liegt danach vor, wenn der jetzige tatsächliche Wert des Vermögens geringer ist als er ohne das schädigende Ereignis sein würde. **345**

Diese dynamische Betrachtung ist etwas anderes als der Vergleich der „Vermögenslage vor und nach dem schädigenden Ereignis". Auf diesen Vergleich darf nicht abgestellt werden.

normativer Schaden / Vorteilsanrechnung

Erhält der Geschädigte von Dritten einen Schadensausgleich, so ergibt sich nach der Differenzhypothese eigentlich kein Schaden. In diesem Fall kann einerseits ein „normativer" Schaden angenommen werden. **346**

Oder aber man löst den Fall über das Institut der Vorteilsanrechnung.

Die Vorteilsanrechnung bewirkt, dass Vermögensvorteile, die kausal durch dass schädigende Ereignis entstehen, mit dem Vermögensschaden saldiert werden und diesen so ausgleichen können (daher auch Vorteilsausgleichung genannt).

Vorteile werden aber dann nicht angerechnet, wenn sie den Schädiger „unbillig entlasten würden". Dies wird auf den hinter § 843 IV BGB stehenden Grundgedanken gestützt.

Merke: Zum normativen Schaden Hemmer/Wüst, Die 45 wichtigsten Fälle zum Deliktsrecht, Fall 8.

b) Schadenszurechnung

Der Schaden muss dem Schädiger zurechenbar sein. Dies bedeutet hier, dass ein Kausal- und Zurechnungszusammenhang zwischen der Rechts(guts)verletzung und dem festgestellten Schaden bestehen muss. 347

Äquivalenz

Der geltend gemachte Schaden muss *kausal* aus der Rechts(guts)verletzung entstanden sein (haftungsausfüllende Kausalität). 348

Es ist daher zu prüfen, ob die Rechts(guts)verletzung nicht hinweggedacht werden kann, ohne dass der Schaden entfiele (äquivalente Kausalität).

Adäquanz

Weiterhin ist zu fragen, ob der konkrete Schaden bei einer Verletzung der gegebenen Art außerhalb jeder Lebenserfahrung liegt (Adäquanztheorie). 349

Schutzzweck der Norm

Zudem ist auch zu prüfen, ob der Schutzzweck des § 823 I BGB nicht den Ersatz eines konkreten Schadenspostens ausschließt.

hemmer-Methode: Die Kausalitätsprüfung verläuft nach h.M. genau so, wie in der haftungsbegründenden Kausalität, nur dass der Zusammenhang hier zwischen Verletzung und Schaden bestehen muss.

Dritte Frage in der Haftungsausfüllung ist der ersatzfähige Umfang der Schäden. Dies richtet sich grds. nach §§ 249 ff. BGB mit Sonderregeln in den § 842 f. BGB. Dazu unten Rn. 397. 350

II. Verletzung eines Schutzgesetzes, § 823 II BGB

Gem. § 823 II BGB werden Schäden ersetzt, die durch die Verletzung eines Schutzgesetzes entstehen.

hemmer-Methode: Anders als bei § 823 I BGB ist die Schadensersatzpflicht nicht an die Verletzung aufgezählter Rechtsgüter bzw. Rechte geknüpft. So werden auch „reine Vermögensschäden" ersetzt.

Voraussetzungen: 351

- ⇨ Verletzung eines Schutzgesetzes
- ⇨ Rechtswidrigkeit
- ⇨ Verschulden
- ⇨ Zurechenbarer Schaden (v.a. Schutzzweck der Norm)

1. Verletzung eines Schutzgesetzes

a) Schutzgesetz

jede Rechtsnorm

Gesetze i.S.d. § 823 II BGB sind nicht nur formelle Gesetze, sondern jede Rechtsnorm (Art. 2 EGBGB). Damit sind auch Rechtsverordnungen oder gemeindliche Satzungen erfasst. 352

zum Schutz eines anderen nicht nur der Allgemeinheit

Das verletzte Gesetz muss dem Schutz eines anderen dienen. Dies ist der Fall, wenn das Gesetz nicht nur der Allgemeinheit, sondern zumindest auch Einzelpersonen oder einem abgegrenzten Personenkreis (egal welcher Größe) Rechtsschutz gewähren will. 353

hemmer-Methode: Der Schutzzweck ist eine Auslegungsfrage; Sie müssen also argumentieren (auch wenn Sie wissen, dass Sie es mit einer Schutznorm zu tun haben). Anerkannt als Schutzgesetze sind viele Strafvorschriften, so bspw. §§ 223 ff., 242 ff., 263 StGB. Umstritten ist die Frage, ob § 858 BGB ein Schutzgesetz darstellt. Da hier der Besitz unabhängig von einem Recht zum Besitz geschützt wird, könnte auf diese Weise die Beschränkung im Rahmen des § 823 I BGB unterlaufen werden. Dort gilt nur der berechtigte Besitz als „sonstiges" Recht, vgl. Rn. 307.

b) Verletzung des Schutzgesetzes

Gesetzesverletzung

Das Schutzgesetz muss vom Anspruchsgegner verletzt worden sein. Die Anforderungen richten sich nach den Vorgaben des jeweiligen Regelungsbereiches. 354

Bei strafrechtlichen Schutzgesetzen ist insb. auch der strafrechtliche subjektive Tatbestand zu prüfen. Ist die Strafbarkeit auf Vorsatz beschränkt, reicht auch der zivilrechtliche Schutz nicht weiter.

Gibt es keinen subjektiven Tatbestand genügt erst einmal der objektive Verstoß; es gilt aber § 823 II S. 2 BGB.

2. Rechtswidrigkeit und Verschulden

Sind Rechtswidrigkeit und Verschulden bereits Bestandteil des Tatbestandes des Schutzgesetzes, so sind sie nicht weiter zu prüfen. 355

§ 823 II S. 2 BGB

Ansonsten liegt mit dem Gesetzesverstoß regelmäßig Rechtswidrigkeit vor. Setzt das Schutzgesetz kein Verschulden voraus, so muss dennoch gem. § 823 II S. 2 BGB zumindest ein fahrlässiger Verstoß gegeben sein (so z.B. bei § 1004 BGB, der ein Schutzgesetz i.S.d. § 823 II BGB darstellt). 356

3. Schadenszurechnung

kausaler und zurechenbarer Schaden

Durch die Verletzung des Schutzgesetzes muss ein Schaden entstanden sein. Es geht also um die Kausalität und Zurechenbarkeit eines Schadens. 357

Dabei ist wie in der haftungsbegründenden bzw. haftungsausfüllenden Kausalität in § 823 I BGB die äquivalente und adäquate Kausalität sowie der Schutzzweck der Norm zu prüfen.

Bezugspunkt ist hier aber der Zusammenhang zwischen der Gesetzesverletzung und dem geltend gemachten Schaden.

Schutzzweck der Norm

Besonders wichtig ist hier die Frage, ob der Geschädigte und der Schaden unter den *Schutzzweck der Norm* fallen. 358

persönlicher und sachlicher Schutzbereich

Der Schutzzweck des Gesetzes wurde schon oben bestimmt. Hier geht es nun darum, ob *im konkreten Fall* der Betroffene (*persönlicher Schutzbereich*) und der geltend gemachte Schaden (*sachlicher Schutzbereich*) vom entsprechenden Gesetz geschützt werden sollen.

III. Kreditgefährdung, § 824 I BGB

§ 824 BGB gewährt Schadensersatz für Nachteile für Erwerb und Fortkommen, die durch unwahre Tatsachenbehauptungen entstehen.

Voraussetzungen: 359

⇨ Behauptung einer unwahren zur Schädigung geeigneten Tatsache

⇨ Verschulden

⇨ Schaden

Tatsache = objektiv nachprüfbarer Umstand

nicht: Meinung

Es muss also eine unwahre Tatsache behauptet werden. Tatsachen sind *objektiv nachprüfbare Umstände* der Gegenwart oder der Vergangenheit. Davon abzugrenzen sind Werturteile, die Ausdruck eines persönlichen Dafürhaltens, einer *Meinung* sind („billiger Schmarren"). Die Tatsache muss nachweislich unwahr sein. 360

Die Tatsachenbehauptung muss sich gerade mit dem Geschädigten befassen. 361

wirtschaftliche Nachteile

Im Weiteren muss die Tatsache objektiv geeignet sein, Nachteile für den Kredit etc. hervorzurufen. Dabei ist die Frage der Ehrenrührigkeit der Tatsache unerheblich. Allein maßgeblich ist, ob die wirtschaftliche Wertschätzung des Betroffenen leidet. 362

fahrlässige Unkenntnis der Unwahrheit

Für das Verschulden genügt die fahrlässige Unkenntnis der Unwahrheit der Tatsache. 363

berechtigte Interessen

Zu beachten ist allerdings, dass bei bloßer Fahrlässigkeit die Wahrnehmung berechtigter Interessen den Anspruch ausschließen kann. Dafür ist eine Interessenabwägung anzustellen.

Schäden werden nach §§ 249 ff. BGB ersetzt. Dabei kann insb. als Teil der Wiederherstellung gem. § 249 I BGB auch der Widerruf der Tatsachenbehauptung verlangt werden.

hemmer-Methode: § 824 BGB kann Ihnen bei Bewertungen im Internethandel (bspw. ebay) begegnen. Werden bei der Bewertung des Vertragspartners falsche Tatsachen angegeben, kommt § 824 BGB in Betracht. Daneben können sich Ansprüche auch aus §§ 280 I, 241 II BGB ergeben.

IV. Vorsätzliche, sittenwidrige Schädigung, § 826 BGB

§ 826 BGB begründet eine Schadensersatzpflicht bei vorsätzlicher, sittenwidriger Schädigung.

Voraussetzungen: 364

⇨ Schaden

⇨ *durch* sittenwidriges Verhalten

⇨ Vorsatz (auch bzgl. des Schadens)

1. Schaden

bloßer Schaden genügt

Der Anspruchsteller muss zunächst einen Schaden erlitten haben. Es muss weder eine bestimmte Rechts- oder Rechtsgutsverletzung vorliegen, noch muss ein Schutzgesetz verletzt sein. Ein reiner Vermögensschaden genügt. 365

2. Sittenwidriges Verhalten

Der Schaden muss *durch* (Kausalitätsprüfung!) ein schädigendes Verhalten (Tun oder Unterlassen) des Anspruchsgegners entstanden sein.

sittenwidrig

Dieses Verhalten muss als sittenwidrig bewertet werden. 366

wie § 138 BGB

Sittenwidrig ist grds. wie bei § 138 BGB, was gegen das „Anstandsgefühl aller billig und gerecht Denkenden" verstößt.

> *Dabei kommt es auf die Vorstellungen eines Durchschnittsmenschen an. Ist eine Handlung nur in einem bestimmten Personenkreis relevant und hat dieser Personenkreis strengere Verhaltensmaßstäbe als die Allgemeinheit, so sind diese strengeren Maßstäbe heranzuziehen.*

besondere Verwerflichkeit

Unzureichend ist grds. die Ausübung eigener Rechte, auch wenn sie mit dem Schaden anderer verbunden ist, oder der bloße Verstoß gegen vertragliche Pflichten. Hinzutreten muss eine besondere Verwerflichkeit, die sich aus dem verfolgten Ziel, den eingesetzten Mitteln oder den eintretenden Folgen ergeben kann. 367

Fälle des § 826 BGB sind u.a.: 368

- **Arglistige Täuschung bei Vertragsschluss**: Neben der Anfechtung (§ 123 BGB) kann auch über § 826 BGB Vertragsaufhebung verlangt werden. Zudem werden Folgeschäden ersetzt. Auch die Mitwirkung bei der Täuschung fällt unter § 826 BGB.
- Bewusst unrichtige Auskünfte und Gutachten
- **Arbeitszeugnisse**: Wenn wesentliche Umstände, wie Unterschlagungen eines Arbeitgebers, verschwiegen werden.
- **Ausnutzen einer formalen Rechtsstellung** zur bloßen (!) Schädigung eines anderen.
- **Verletzung von Vertragsrechten durch Dritte**: Nur, wenn eine besondere Verwerflichkeit hinzutritt, bspw. gezieltes Zusammenwirken mit dem Schuldner und Freistellung von Schadensersatzansprüchen (Rn. 311).
- **Gläubigertäuschung**: Bspw. durch kurzzeitige Zuführung von Mitteln, damit andere Kredit gewähren, aus dem dann eigene Forderungen beglichen werden können.

Fragen der Rechtswidrigkeit sind nicht gesondert, sondern i.R.d. Prüfung der Sittenwidrigkeit zu erörtern.

3. Vorsatz

Vorsatz auch bzgl. Schaden

Der Schädiger muss Vorsatz bzgl. des eingetretenen Schadens haben. 369

Art und Richtung

Dafür genügt, dass er die Art und Richtung des Schadens vorausgesehen und billigend in Kauf genommen hat (bedingter Vorsatz). Die Kenntnis des *konkreten* Schadens ist nicht erforderlich.

Auch die Kenntnis der Sittenwidrigkeit ist nicht erforderlich. Ausreichend ist die Kenntnis der die Sittenwidrigkeit der Tat begründenden Umstände. Allerdings kann die Sittenwidrigkeit des Verhaltens verneint werden, wenn der Betreffende redlich davon ausgeht, berechtigte Interessen zu verfolgen.

hemmer-Methode: Die Sperrwirkung des EBV gegenüber den §§ 823 ff. BGB gilt nicht für § 826 BGB. Die „Brücke" des § 992 BGB braucht man für die Anwendbarkeit des § 826 BGB daher nicht.

V. Haftung für Verrichtungsgehilfen, § 831 BGB

§ 831 BGB begründet eine Haftung des Geschäftsherrn für Schäden, die sein Verrichtungsgehilfe einem anderen in Ausführung seiner Verrichtung zufügt.

eigenes Verschulden

Die Haftung nach § 831 BGB ist eine Haftung für *eigenes* (Auswahl- und Überwachungs-) Verschulden des Geschäftsherrn. § 831 BGB ist *keine* Verschuldenszurechnungsnorm, sondern eigenständige Anspruchsgrundlage. 370

hemmer-Methode: § 278 BGB ist eine Zurechnungsnorm. Er erweitert den Begriff des Vertretenmüssens, § 276 I BGB, und ist nur in bestehenden Schuldverhältnissen anwendbar. Auch § 31 BGB ist eine Zurechnungsnorm. Er rechnet Organ-Verschulden *als eigenes* zu. Achtung: Wer unter § 31 BGB fällt ist nicht Verrichtungsgehilfe (da eigenverantwortlich). Wenn aber ein Organ einen Verrichtungsgehilfen schlecht aussucht, kann die entsprechende Körperschaft über §§ 831, 31 BGB in Anspruch genommen werden.

widerleglich vermutet

Besonderheit des § 831 BGB ist, dass das Verschulden des Geschäftsherrn widerleglich vermutet wird. 371

Voraussetzungen des § 831 I BGB: 372

⇨ Verrichtungsgehilfe

⇨ Unerlaubte Handlung des Gehilfen

⇨ In Ausführung der Verrichtung

⇨ Keine Exkulpation (§ 831 I S. 2 BGB)

⇨ Schaden

1. Verrichtungsgehilfe

mit Wissen und Wollen für den Geschäftsherrn tätig und weisungsabhängig!

Verrichtungsgehilfe ist, wer mit Wissen und Wollen des Geschäftsherrn in dessen Interesse tätig ist und diesem gegenüber weisungsabhängig ist. Die Weisungsabhängigkeit unterscheidet den Verrichtungsgehilfen vom Erfüllungsgehilfen. Dieser kann, muss aber nicht weisungsabhängig sein. Ist eine vom Geschäftsherrn eingesetzte Person weisungsabhängig, kann diese sowohl Verrichtungs- als auch (für die vertragliche Haftung) Erfüllungsgehilfe sein. 373

Damit sind Verrichtungsgehilfen insb. Arbeitnehmer, nicht aber selbständig arbeitende Unternehmer. Ein Rechtsanwalt wird – nicht ohne Kritik – als Verrichtungsgehilfe seines Mandanten angesehen.

2. Unerlaubte Handlung des Gehilfen

objektiver Tatbestand der §§ 823 ff. BGB

Der Gehilfe muss einem Dritten widerrechtlich Schaden zugefügt haben. Gemeint ist damit, dass eine tatbestandsmäßige und rechtswidrige unerlaubte Handlung i.S.d. §§ 823 ff. BGB erfüllt sein muss. 374

kein Gehilfenverschulden

Ein eigenes Verschulden des Gehilfen ist nicht erforderlich (h.M.). § 831 I BGB erfordert nur eigenes Verschulden des Geschäftsherrn (s. aber Rn. 378). Daher ist es auch unschädlich, wenn der Verrichtungsgehilfe deliktsunfähig ist.

3. In Ausführung der Verrichtung

nicht nur bei Gelegenheit

Die unerlaubte Handlung muss in Ausführung der Verrichtung begangen worden sein und nicht nur bei Gelegenheit dieser Verrichtung. 375

Es muss ein *unmittelbarer innerer Zusammenhang* zwischen der Verrichtung und der schädigenden Handlung bestehen.

Liegt im Abweichen von Weisungen des Geschäftsherrn zugleich die unerlaubte Handlung, so ist der innere Zusammenhang gewahrt, bspw. wenn durch die unsachgemäße Ausführung einer Werkleistung Schäden am Eigentum des Bestellers entstehen.

Begeht der Gehilfe aber bspw. im Haus des Bestellers einen Diebstahl, so geschieht dies nur bei Gelegenheit der Verrichtung.

4. Vermutung und Exkulpation

doppelte Vermutung

Unter den genannten Voraussetzungen wird eine schuldhafte Sorgfaltspflichtverletzung des Geschäftsherrn vermutet (1. Vermutung). Außerdem wird vermutet, dass diese kausal war für den eingetretenen Schaden (2. Vermutung). 376

insb. Auswahlverschulden

Dieses vermutete Verschulden bezieht sich zumindest auf die Auswahl des Gehilfen und, wenn der Geschäftsherr Material beschafft hat oder die Verrichtung leiten musste, auch auf diese Punkte.

hemmer-Methode: Die Verschuldensvermutung ergibt sich aus dem Wortlaut des § 831 I S. 2 BGB („tritt nicht ein, wenn"). Sie kennen diese Formulierung aus § 280 I S. 2 BGB. Die Beweislast für fehlendes Verschulden liegt also beim Geschäftsherrn. Für die Klausurbearbeitung bedeutet dies grds.: Ohne Angaben im Sachverhalt, keine Entlastung.

doppelte Entlastungsmöglichkeit

Der Geschäftsherr kann sich auf zwei Wegen entlasten (exkulpieren).

1. kein Verschulden

a) Der Geschäftsherr kann darlegen, dass ihn in den genannten Punkten kein Verschulden trifft. 377

Das Auswahlverschulden bezieht sich auf den Zeitpunkt der Verrichtung, nicht (allein) auf den Zeitpunkt der erstmaligen Beschäftigung des Gehilfen. Den Geschäftsherrn trifft quasi eine Überwachungspflicht.

War der Gehilfe bei seiner erstmaligen Beschäftigung als zuverlässig bekannt, so entlastet dies den Geschäftsherrn nicht, wenn der Gehilfe sich in der Folgezeit bis zur Verrichtung als unzuverlässig erwiesen hat.

Ebenso kann aber ein zunächst unzuverlässiger Gehilfe, sich über die Zeit bewähren, so dass der Geschäftsherr berechtigt auf die sorgfältige Ausführung Vertrauen kann.

Die anzuwendende Sorgfalt richtet sich nach der Art und insb. der Gefährlichkeit der Verrichtung für andere.

2. keine Kausalität

b) Alternativ genügt es auch, wenn der Geschäftsherr darlegen kann, dass das Verschulden nicht für den Schaden kausal war. 378

Beispiel dafür ist das sorgfaltsgerechte und damit schuldlose Verhalten des Gehilfen.

Besser als sorgfaltsgerecht kann sich auch ein sorgfältig Ausgesuchter nicht verhalten.

5. Kausaler Schaden

Es muss ein Schaden entstanden sein, der sowohl mit der unerlaubten Handlung des Gehilfen als auch mit der vermuteten Sorgfaltspflichtverletzung des Geschäftsherrn kausal und zurechenbar verbunden ist. 379

Merke: Generell zur Haftung für Verrichtungsgehilfen Hemmer/Wüst, Die 45 wichtigsten Fälle zum Deliktsrecht, Fall 36.

6. Sonderproblem: Dezentralisierter Entlastungsbeweis

in Großbetrieben

In größeren Betrieben ist es dem Geschäftsherrn selbst meist nicht möglich oder zumutbar, jeden Verrichtungsgehilfen selbst auszuwählen und zu überwachen. 380

Daher muss es ausreichen, wenn der Geschäftsherr diejenigen Personen, die die Auswahl und die Überwachung des Gehilfen im konkreten Fall vornehmen (sollten), sorgfaltsgemäß ausgewählt und überwacht hat (vgl. aber Rn. 460 zur Produzentenhaftung).

gestufte Entlastung

Diese gestufte Entlastung nennt man „dezentralisierten Entlastungsbeweis“.

eigene Haftung der „mittleren Stufen“ gem. § 831 II BGB

Da die Zwischenperson im Großbetrieb in aller Regel die Sorgfaltspflichten des Geschäftsherrn durch Vertrag übernommen hat, trifft sie ggf. selbst eine eigene Haftung aus § 831 II BGB. 381

Haften Geschäftsherr und Übernehmer zugleich, so sind sie Gesamtschuldner gem. § 840 I BGB.

hemmer-Methode: Durch den dezentralisierten Entlastungsbeweis kann sich der Geschäftsherr relativ leicht aus der Verantwortung ziehen. Dem wird mit der Ausdehnung von Organisationspflichten und § 31 BGB entgegengetreten. Dazu bereits Rn. 339.

Merke: Speziell zum dezentralisierten Entlastungsbeweis Hemmer/Wüst, Die 45 wichtigsten Fälle zum Deliktsrecht, Fall 37.

VI. Tierhalterhaftung, § 833 BGB

§ 833 BGB trifft eine Sonderregelung für die Haftung des Tierhalters. Dabei handelt es sich nur teilweise um eine Haftung für vermutetes eigenes Verschulden. Zum Teil wird auch eine Gefährdungshaftung festgelegt.

Voraussetzungen des § 833 S. 1, S. 2 BGB: 382

⇨ Schadensverursachung durch ein Tier

⇨ Tierhalter

⇨ Keine Exkulpation (§ 833 S. 2 BGB bei Nutztier)

1. Schadensverursachung durch ein Tier

Rechtsgutsverletzung

Für § 833 BGB muss zunächst ein Mensch getötet oder verletzt oder eine Sache beschädigt worden sein. 383

Dies muss *durch* ein Tier geschehen sein.

spezifische Tiergefahr

Für die erforderliche Kausalitätsprüfung ist im Punkt Schutzzweck der Norm insb. wichtig, dass sich die „spezifische Tiergefahr" realisieren muss.

Diese realisiert sich nicht, wenn das Tier bei der Verletzung unter ständiger Führung eines Menschen steht, der die Verletzung herbeiführen will (Hetzen eines Hundes).[7]

Unzureichend ist auch, das bloße Wirken als mechanisches Hindernis (Radfahrer stürzt über schlafenden Hund).

2. Tierhalter als Anspruchsgegner

Tierhalter: tatsächliche Herrschaft + eigenes Interesse

Anspruchsgegner ist der Tierhalter. Tierhalter ist, wer auf eine gewisse Dauer in *eigenem Interesse* die Sorge für ein Tier übernommen hat und auch eine *tatsächliche* Herrschaftsgewalt über das Tier hat. 384

Die Haltereigenschaft ist also etwas Tatsächliches; Tierhalter kann daher grds. auch ein Minderjähriger sein.

3. Keine Exkulpation

doppelte Entlastungsmöglichkeit

Gem. § 833 S. 2 BGB ist eine Exkulpation des Tierhalters möglich, wenn er entweder darlegt, dass er bei der Beaufsichtigung des Tieres die erforderliche Sorgfalt angewendet hat *oder*, dass die Sorgfaltspflichtverletzung nicht kausal für den entstandenen Schaden war. 385

hemmer-Methode: Für die Entlastung bestehen damit zwei Möglichkeiten, ganz wie bei § 831 BGB.

§ 833 S. 2 BGB gilt aber nur für Haustiere, die zu Zwecken des Berufs, Erwerbs oder Unterhalts gehalten werden. 386

[7] Anders ist dies aber bei § 7 I StVG. Dort ist die Haftung auch dann zu bejahen, wenn das KfZ als Werkzeug (bspw. als Mordwaffe) eingesetzt wird.

Bsp.: *Dies sind zahme Nutztiere (Hunde, Schweine etc.), aber nicht gezähmte Wildtiere (bspw. Rehe).*

Insoweit die Entlastungsmöglichkeit nach § 833 S. 2 BGB deshalb nicht eingreift, handelt es sich um eine verschuldensunabhängige Haftung (Gefährdungshaftung) für sog. Luxustiere.

Merke: Zur Tierhalterhaftung Hemmer/Wüst, Die 45 wichtigsten Fälle zum Deliktsrecht, Fälle 38 und 39.

VII. Weitere Haftung für vermutetes Verschulden

Die §§ 832 und 836 ff. BGB (lesen!) enthalten weitere Tatbestände der Haftung für vermutetes eigenes Verschulden. Dies ergibt sich immer aus der negativen Einschränkung „die Ersatzpflicht tritt nicht ein, wenn ...". Es besteht immer eine doppelte Entlastungsmöglichkeit: 1. Keine Sorgfaltspflichtverletzung und 2. Die Sorgfaltspflichtverletzung war nicht kausal für den Schaden. 387

Außerhalb des BGB werden vor allem die Vorschriften des StVG relevant (§§ 18 sowie 7 III S. 1, 2.HS. StVG).

C. Gefährdungshaftung

kein Verschulden erforderlich

Gefährdungshaftung zeichnet sich dadurch aus, dass ein Verschulden für den Anspruch des Geschädigten nicht erforderlich ist. 388

Einziger Tatbestand der deliktischen Gefährdungshaftung im BGB ist § 833 S. 1 BGB. Relevant sind vor allem zwei außerhalb des BGB liegende Anspruchsgrundlagen: § 7 I StVG und § 1 ProdHaftG. Diese werden an anderen Stellen besprochen (siehe Rn. 419 ff., 441 ff.).

D. Haftung mehrerer Beteiligter bei ungeklärter Ursächlichkeit, § 830 I S. 2 BGB

selbständige Anspruchsgrundlage

Sind mehrere Personen an einer deliktischen Handlung „beteiligt", lässt sich aber nicht ermitteln, wer die Verletzung durch seine Handlung herbeigeführt hat, kann sich ein Anspruch aus § 830 I S. 2 BGB ergeben (selbständige Anspruchsgrundlage).

Voraussetzungen des § 830 I S. 2 BGB: 389

⇨ Selbständiger Beteiligter i.S.d. § 830 I S. 2 BGB

⇨ Einheitlicher Vorgang

⇨ Ersatzpflicht bei Kausalitätsnachweis

⇨ Kausalität jedenfalls eines der Beteiligten

⇨ Unaufklärbarkeit der Kausalität

I. Selbständiger Beteiligter

nicht Mittäter, Anstifter, Gehilfe

Der Anspruchsgegner darf weder Mittäter noch Anstifter oder Gehilfe an der unerlaubten Handlung eines anderen sein. Dann nämlich werden Verursachungsbeiträge zugerechnet, § 830 I S. 1, II BGB. 390

hemmer-Methode: Für die Mittäterschaft, Anstiftung oder Beihilfe können Sie strafrechtlich argumentieren. Anders als im Strafrecht ist der „Beteiligte" aber gerade nicht Mittäter, Anstifter oder Gehilfe.

II. Einheitlicher Vorgang

zeitlich-räumlicher Zusammenhang

§ 830 I S. 2 BGB gilt nur zwischen solchen Personen, deren Handeln als sachlich, räumlich und zeitlich einheitlicher Vorgang anzusehen ist. Dieses Erfordernis ist recht weit und immer dann gegeben, wenn gerade wegen dem Handeln mehrerer die Ursächlichkeit des Einzelnen nicht aufgeklärt werden kann. 391

III. Ersatzpflicht bei Kausalitätsnachweis

Tatbestand einer unerlaubten Handlung

In diesem Punkt ist zu fragen, ob – abgesehen von der Kausalität des Handelns für den Schaden – der jeweilige Beteiligte für den Schaden verantwortlich wäre. Es muss also der *ansonsten vollständige Tatbestand einer unerlaubten Handlung* vorliegen. 392

§ 830 I S. 2 BGB ist nicht nur auf sämtliche der §§ 823 ff. BGB anwendbar, sondern entsprechend auch auf Tatbestände aus Sondergesetzen, bspw. §§ 7, 18 StVG.

Achtung: War einer der Beteiligten gerechtfertigt, so entfällt die Haftung nicht nur für ihn, sondern für alle. Denn die anderen können sich darauf berufen, dass auch der Gerechtfertigte hätte kausal sein können. 393

IV. Kausalität jedenfalls eines der Beteiligten

Feststehen muss weiterhin, dass jedenfalls einer der Beteiligten kausal für den Schaden war. 394

nicht bei möglicher Selbstverletzung

Dies ist nicht der Fall, wenn möglicherweise der Geschädigte selbst für seinen Schaden ursächlich ist. Die Selbstverletzung begründet keinen Schadensersatzanspruch und darauf können sich die anderen wie im Falle der Rechtfertigung eines Beteiligten berufen.

V. Unaufklärbarkeit der Kausalität

Die Kausalität der Einzelnen muss insgesamt unaufklärbar sein.

nicht bei tatsächlicher Kausalität eines Beteiligten

Dies ist nicht der Fall, wenn feststeht, dass jedenfalls einer der Beteiligten tatsächlich kausal war. 395

In diesem Fall haftet nur derjenige, dessen Ursächlichkeit nachgewiesen ist. § 830 I S. 2 BGB ist dann nicht anwendbar. Entsprechend haften die anderen Beteiligten nicht. 396

Fußgänger F wird von Autofahrer A angefahren und bleibt verletzt auf der Straße liegen. Dort wird er ein zweites Mal von B angefahren. Während hier unklar sein kann, welche Verletzungen B verursacht hat, ist klar, dass A kausal und zurechenbar alle Verletzungen verursacht hat.

Merke: Diese beliebte Klausurfalle wird besprochen in Hemmer/Wüst, Die 45 wichtigsten Fälle zum Deliktsrecht, Fälle 34 und 39.

hemmer-Methode: § 830 I S. 2 BGB gilt nur für Kausalitätszweifel. Scheitert eine Inanspruchnahme des erwiesen Ursächlichen lediglich an dessen fehlender Auffindbarkeit oder Zahlungsfähigkeit, so scheidet auch eine Analogie aus. § 830 I S. 2 BGB will nur über die Beweisnot bei der Kausalität hinweghelfen, nicht aber generell sicherstellen, dass ein Schuldner zur Verfügung steht. Dazu Hemmer/Wüst, Die 45 wichtigsten Fälle zum Deliktsrecht, Fall 35.

E. Umfang der Ersatzansprüche

ersatzfähiger Umfang

Die Haftungsausfüllung beinhaltet grds. drei Fragen. 397

1. Ist ein Schaden entstanden?
2. Ist er zurechenbar entstanden?
3. In welchem Umfang ist der Schaden ersatzfähig?

Hier geht es um den *ersatzfähigen Umfang* der Schäden.

Anmerkung: In anderen Tatbeständen als § 823 I BGB ist die zurechenbare Entstehung eines Schadens oft schon auf der Tatbestandsseite verortet (bspw. § 826 BGB). Dann bleibt für die Haftungsausfüllung nur noch die hier diskutierte dritte Frage.

Allgemein gelten für den Umfang von Schadensersatzansprüchen die §§ 249 ff. BGB. Darüber hinaus enthalten die §§ 842 ff. BGB einige Sondervorschriften für Schadensersatzansprüche aus unerlaubter Handlung. 398

hemmer-Methode: Spezialgesetze wie bspw. das StVG (§ 11) oder das ProdHaftG (§ 8) enthalten den §§ 842 ff. BGB vergleichbare Regelungen, die sich letztlich kaum unterscheiden. Sie müssen aber für Ansprüche aus den Spezialgesetzen auch deren spezielle Normen bzgl. des Umfangs zitieren.

I. Überblick über die Regelungen der §§ 249 ff. BGB

§§ 249 ff. BGB

§§ 249 ff. BGB regeln für *alle Schadensersatzansprüche*, einschließlich der deliktischen, welche Schadensposten geltend gemacht werden können. 399

⇨ Gem. § 249 I BGB ist grundsätzlich der Zustand herzustellen, der ohne die schädigende Handlung bestehen würde (Naturalrestitution). 400

Dies kann bspw. durch die Reparatur einer Sache, eine Heilbehandlung aber auch durch die Herausgabe einer gestohlenen Sache, durch Widerruf einer ehrkränkenden oder kreditschädigenden Behauptung, Aufhebung einer arglistig begründeten Verbindlichkeit etc. geschehen.

⇨ Im Falle der Beschädigung einer Sache kann auch der zur Wiederherstellung erforderliche Geldbetrag verlangt werden, § 249 II S. 1 BGB. Eine Wiederherstellung muss nicht erfolgen (Dispositionsbefugnis des Geschädigten).

⇨ Ist die Wiederherstellung i.S.d. § 249 I BGB unmöglich oder unverhältnismäßig, so ist von vornherein eine Geldentschädigung zu zahlen, § 251 BGB.

⇨ Auch entgangener Gewinn wird ersetzt (bspw. verletzungsbedingter Verdienstausfall, dazu gleich), § 252 BGB.

⇨ Immaterielle Schäden sind keine Vermögensschäden. Sie werden nur unter den engen Voraussetzungen des § 253 I BGB ersetzt, d.h. es ist eine gesetzliche Bestimmung erforderlich. Zu nennen sind hier §§ 253 II, 651 f II BGB, §§ 15 II, 21 II AGG.

Bei Verletzung des allgemeinen Persönlichkeitsrechts ergibt sich ein Anspruch auf Ersatz immaterieller Schäden bereits unmittelbar aus der Verfassung (Art. 1, 2 I GG).

Mitverschulden, § 254 BGB

Ein Anspruch kann gekürzt werden wegen Mitverschuldens gem. § 254 I BGB. 401

Merke: In Hemmer/Wüst, Die 45 wichtigsten Fälle zum Deliktsrecht, finden Sie eine Auswahl an allgemeinen Problemen der §§ 249 ff. BGB „klausurtypisch" in die Fälle eingebaut und gelöst.

II. Besondere Regelungen in den §§ 842 ff. BGB

1. Haftung bei Verletzung einer Person, §§ 842 f. BGB

Nachteile für den Erwerb

Gem. § 842 BGB erstreckt sich die Haftung bei einer gegen die Person gerichteten unerlaubten Handlung auch auf solche Nachteile, die die Handlung für Erwerb oder Fortkommen der Person verursacht. 402

Klarstellung

Dies ist eigentlich nur eine Klarstellung des bereits in § 252 BGB bestimmten Anspruchsumfanges.

Da ausgefallener Erwerb oft schwer nachweisbar ist, enthält das Gesetz zwei Hilfestellungen. Zum einen genügt es, den unter gewöhnlichen Umständen zu erwartenden Gewinn/Erwerb als den entgangenen darzulegen, § 252 S. 2 BGB. Zum anderen muss bei einem längeren, im Einzelnen nicht überschaubaren Erwerbszeitraum, der Erwerbsschaden nicht konkret dargelegt werden. Im Ergebnis wird er dann vom Gericht geschätzt (§ 287 ZPO). 403

Merke: Dazu Hemmer/Wüst, Die 45 wichtigsten Fälle zum Deliktsrecht, Fall 7.

Geldrente

Im Anschluss an § 842 BGB bestimmt § 843 BGB, dass bei Nachteilen für den Erwerb oder der Vermehrung von Bedürfnissen, eine Geldrente zu leisten ist. Nur im Ausnahmefall ist eine einmalige Abfindung zu leisten, § 843 III BGB. 404

Gem. § 843 IV BGB entfällt der Anspruch auf eine Geldrente nicht dadurch, dass ein anderer dem Verletzten Unterhalt zu gewähren hat. Zum Unterhalt verpflichtet sind insb. Eltern gegenüber den Kindern (§ 1601 BGB) und Ehegatten untereinander (§ 1360 BGB).

§ 843 IV BGB wird – in weiter Auslegung – auch auf die Heilungskosten als solche angewendet.

hemmer-Methode: § 843 IV enthält einen wichtigen allgemeinen Rechtsgedanken, der i.R.d. Vorteilsanrechung Anwendung findet: *„Keine unbillige Entlastung des Schädigers“* (Rn. 346).

Merke: Zur Vorteilsanrechung und § 843 IV BGB Hemmer/Wüst, Die 45 wichtigsten Fälle zum Deliktsrecht, Fall 39.

2. Haftung bei Sachentziehung, §§ 848 ff. BGB

Auch für die Sachentziehung sind im Deliktsrecht besondere Vorschriften zu finden.

Haftung für Zufall

Wichtig ist insb. § 848 BGB, nach dem der zur Rückgabe Verpflichtete auch für den *zufälligen* Untergang, die *zufällige* Unmöglichkeit der Herausgabe und die *zufällige* Verschlechterung haftet. 405

hemmer-Methode: Denken Sie hier an das Verhältnis zum EBV. Während die Herausgabe der Sache auf § 823 I i.V.m. § 249 I BGB und daneben auf § 985 BGB gestützt werden kann, sind für weitere Schäden an der Sache die Regeln des EBV grds. vorrangig und abschließend, § 993 I a.E. BGB. Daher ist § 848 BGB grundsätzlich nicht anwendbar. Im Rahmen des EBV gibt es eine Zufallshaftung aber nur über die §§ 990 II, 287 S. 2 BGB. Liegen die Voraussetzungen nicht vor, kommt es fallentscheidend auf die Frage an, ob deliktische Ansprüche anwendbar sind. Beim Dieb ist dies über § 992 BGB der Fall, so dass mit § 848 BGB gearbeitet werden kann.

F. Ansprüche mittelbar Geschädigter, §§ 844 f. BGB

grds. nur Ansprüche des unmittelbar Verletzten

Ansprüche aus unerlaubter Handlung stehen grds. nur dem unmittelbar Verletzten selbst zu. Davon machen die §§ 844 f. BGB eine Ausnahme. 406

Die §§ 844 f. BGB sind eigene Anspruchsgrundlagen des mittelbar Verletzten. Sie setzten jedoch den vollständigen Tatbestand einer unerlaubten Handlung gegenüber dem eigentlich Verletzten voraus. Dies führt hier aufbautechnisch zu einer Inzidentprüfung.

§ 844 BGB behandelt die Tötung eines Menschen. Wie oben bereits gesagt, entstehen dem Getöteten daraus keine Ansprüche (Beachten Sie aber Rn. 295). 407

Beerdigungskosten

Gem. § 844 I BGB sind die Kosten der Beerdigung demjenigen zu ersetzen, der sie zu tragen hat. Dies ist grds. der Erbe, § 1968 BGB. 408

Unterhaltsanspruch

Gem. § 844 II BGB besteht ein Anspruch auf eine Geldrente desjenigen, der einen Unterhaltsanspruch gegenüber dem Getöteten hatte. Dies gilt auch für gezeugte aber noch nicht geborene Kinder (§ 844 II S. 2 BGB). 409

Merke: Dazu Hemmer/Wüst, Die 45 wichtigsten Fälle zum Deliktsrecht, Fall 5.

hemmer-Methode: Oft beerbt der Unterhaltsberechtigte den Getöteten und es stellen sich Fragen der Vorteilsanrechnung (Vermögenszuwachs kausal durch schädigendes Ereignis). Soweit der Unterhaltsanspruch aus dem Vermögen des Getöteten bestritten worden wäre, ist der Vermögenszuwachs durch die Erbschaft schadensmindernd zu berücksichtigen.

entgangene Dienste

§ 845 BGB sieht eine Ersatzpflicht wegen entgangener Dienste wegen der Verletzung oder Tötung eines Dienstverpflichteten vor. Die praktische Bedeutung der Vorschrift ist aber gering, da sie nur auf Dienste von Kindern gegenüber ihren Eltern (§ 1619 BGB) anwendbar ist. 410

§ 845 BGB nicht bei Ehe

Auf im Haushalt tätige Ehegatten ist die Vorschrift nicht anwendbar, da ein Ehegatte zu diesen „Diensten" nicht verpflichtet, sonder nur berechtigt ist. Er kann den Unterhalt auch anderweitig (Geld) gewähren. 411

Merke: Es bestehen aber eigene Ansprüche des Verletzten Ehegatten. Siehe Hemmer/Wüst, Die 45 wichtigsten Fälle zum Deliktsrecht, Fall 6.

G. Haftung Mehrerer

grds.: Gesamtschuld

Sind mehrere durch eine unerlaubte Handlung für einen Schaden verantwortlich, so haften sie gem. § 840 I BGB als Gesamtschuldner. 412

Dies gilt für Mittäter, Anstifter und Gehilfen aber auch für sog. Nebentäter, die unabhängig voneinander denselben Schaden verursacht haben. Ebenfalls unter § 840 I BGB fallen Beteiligte i.S.d. § 830 I S. 2 BGB.

Als Gesamtschuldner nach § 840 I BGB haften auch Geschäftsherr und Verrichtungsgehilfe, sowie die in den §§ 832 ff. BGB genannten eigentlich Verpflichteten und vertragliche Übernehmer.

nicht bei nur vertraglicher Haftung

hemmer-Methode: § 840 I BGB gilt für alle Ansprüche aus unerlaubter Handlung, egal ob aus Verschuldens- oder Gefährdungshaftung und egal ob im BGB geregelt oder in Sondergesetzen. Haftet ein Schädiger *nur* aus Vertrag, so muss die Gesamtschuld *gesondert begründet* werden.

§§ 421 ff. BGB

Für die von § 840 I BGB gesetzlich angeordnete Gesamtschuld gelten die Regelungen der §§ 421 ff. BGB. 413

beliebige Inanspruchnahme der Schädiger

Der Geschädigte kann also nach Belieben jeden einzelnen auf den ganzen Schadensersatz oder nur einen Teil in Anspruch nehmen. Insgesamt kann er nur einmal den ganzen Schadensersatz verlangen, § 421 BGB.

Die Schädiger müssen sich untereinander nach den Regeln der Gesamtschuld ausgleichen. 414

Innenausgleich nach Verschuldensanteilen

Nach § 426 I BGB ist die Schuld im Innenverhältnis grds. nach gleichen Teilen aufzuteilen. Im Deliktsrecht wird jedoch nach Verschuldensanteilen der Einzelnen aufgeteilt. Eine solche Aufteilung wird mit § 254 BGB in entsprechender Anwendung begründet, der „etwas anderes bestimmt" i.S.d. § 426 I BGB.

Etwas anderes bestimmen auch § 840 II, III BGB. Beachten Sie, dass als anderer/Dritter nicht der vertragliche Übernehmer (§§ 831 II, 832 II, 834 BGB) angesehen wird.

Dem Ausgleichsberechtigten steht ein Anspruch aus § 426 I BGB sowie aus der übergegangenen Deliktsforderung gem. § 426 II BGB zu.

H. Verjährung

1. Allgemeines

allg. Regeln, §§ 195 ff. BGB

Die Ansprüche aus §§ 823 ff. BGB unterliegen der regelmäßigen Verjährungsfrist von drei Jahren gem. § 195 BGB. Diese Frist beginnt nach § 199 I BGB mit dem Schluss des Jahres in dem der Anspruch entstanden ist und der Gläubiger von den anspruchsbegründenden Umständen Kenntnis erlangt hat oder erlangen musste. 415

> *Der* Geschädigte *muss insb. den entstandenen Schaden in groben Zügen kennen. Zeigen sich erst später zunächst unvorhersehbare Spätschäden, so beginnt für diese die Verjährung erst zum späteren Zeitpunkt.*

§ 199 II, III BGB bestimmt Höchstfristen für die Verjährung von Schadensersatzansprüchen.

Arglisteinrede

Erlangt jemand durch unerlaubte Handlung eine Forderung, so kann der Geschädigte grds. deren Aufhebung verlangen (§§ 823 ff. i.V.m. § 249 I BGB). Die Erfüllung der Forderung kann der Geschädigte verweigern. Dies gilt auch nach Verjährung des Aufhebungsanspruches, § 853 BGB (Arglisteinrede). 416

hemmer-Methode: Das dennoch Gezahlte kann der Geschädigte gem. § 813 I BGB zurückverlangen (oben Rn. 90).

2. Verjährung bei Anspruchskonkurrenz

Bei Anspruchskonkurrenz unterliegt grds. jeder Anspruch seiner eigenen Verjährung. 417

Steht der deliktische Anspruch in Konkurrenz zu einem vertraglichen Anspruch und unterliegt dieser einer kürzeren Verjährung, so kann aber der Schutzzweck dieser kürzeren Verjährungsfrist die Übertragung auf den deliktischen Anspruch erfordern.

Übertragung bei typischer Anspruchskonkurrenz

Dies ist dann der Fall, wenn typischerweise gleichzeitig ein deliktischer Anspruch neben dem vertraglichen gegeben ist. Dann nämlich würde die vertraglich vorgesehene kürzere Verjährung ausgehöhlt. 418

> *Eine Übertragung findet statt bei §§ 548, 606, 1057 BGB.*

Merke: Dazu Hemmer/Wüst, Die 45 wichtigsten Fälle zum Deliktsrecht, Fall 29.

I. Haftung nach dem StVG

Für Unfälle im Straßenverkehr beinhaltet das StVG Sonderregelungen zum allgemeinen Deliktsrecht. 419

Die Ansprüche aus den §§ 823 ff. BGB werden aber nicht verdrängt, § 16 StVG (Anspruchskonkurrenz). 420

hemmer-Methode: Prüfen Sie in der Klausur die Ansprüche aus dem StVG vor den allgemeinen aus dem BGB. Dies hat den praktischen Hintergrund, dass die Ansprüche aus dem StVG solche aus Gefährdungshaftung oder vermutetem Verschulden sind und daher leichter nachzuweisen.

Die wichtigsten Anspruchsgrundlagen sind die Halterhaftung in § 7 I StVG sowie die Fahrerhaftung gem. § 18 I StVG.

I. Halterhaftung, § 7 I StVG

Gem. § 7 StVG haftet der Halter eines Kraftfahrzeuges (oder eines Anhängers) für den bei dessen Betrieb entstehenden Personen- oder Sachschaden.

Gefährdungshaftung

Die Haftung ist nicht von einem Verschulden abhängig (Gefährdungshaftung).

Voraussetzungen des § 7 I StVG: 421

- ⇨ Halter als Anspruchsgegner
- ⇨ Tötung/Verletzung einer Person oder Sachbeschädigung
- ⇨ Bei Betrieb eines Kfz (oder Anhängers)
- ⇨ Keine höhere Gewalt, § 7 II StVG
- ⇨ Weitere Ausschlusstatbestände
- ⇨ Schaden

1. Halter als Anspruchsgegner

Anspruchsgegner im § 7 I StVG ist der Halter des Kfz. 422

für eigene Rechnung + Verfügungsgewalt

Halter eines Kfz ist derjenige, der ein Kfz für eigene Rechnung in Gebrauch hat und die für den Gebrauch erforderliche Verfügungsgewalt besitzt.

Erforderlich ist lediglich ein tatsächliches Herrschaftsverhältnis. Auf die Eigentumsverhältnisse kommt es nicht an.

nicht: vorübergehender Gebrauch

Nicht zum Halter wird, wer das Kfz nur vorübergehend in Gebrauch hat. 423

Halter eines Mietwagens ist daher der Vermieter, nicht der Mieter, beim Leasing allerdings der Leasingnehmer, nicht der Leasinggeber (zumindest beim Finanzierungsleasing).

Die Haltereigenschaft endet mit dem tatsächlichen und dauerhaften Verlust der Verfügungsgewalt (Beachten Sie aber § 7 III S. 1 StVG). 424

hemmer-Methode: Vergleichen Sie mit dem Tierhalterbegriff. Allgemein: Halter ist, wer eine Sache (Gefahrenquelle) in eigenem Interesse unterhält und tatsächliche Verfügungsgewalt besitzt.

2. Schädigung bei Betrieb eines Kfz (oder Anhängers)

Der Begriff des Kraftfahrzeugs ist in § 1 II StVG legaldefiniert aber zumeist unproblematisch. 425

Die Verletzung der Person oder die Sachbeschädigung muss „bei dem Betrieb“ des Kfz geschehen sein. 426

Betriebsgefahr

Die strenge, verschuldensunabhängige Haftung soll nur eingreifen, wenn die Schädigung auf einer der besonderen Gefahren, die von einem Kfz ausgehen („Betriebsgefahr“), beruht.

hemmer-Methode: Bei dem Merkmal „bei Betrieb“ handelt es sich wieder um eine Ausprägung des Gedankens des Schutzzweckes der Norm. Ob darüber hinaus noch Erwägungen zum Schutzzweck anzustellen sind, ist umstritten. Jedenfalls wenn es um Schäden geht, die der Fahrer am KfZ des Halters verursacht, ist nach überzeugendem Ansatz ein Anspruch aus § 18 I StVG nach dem Schutzzweck der Norm ausgeschlossen.

Denn die Ansprüche aus dem StVG sollen Dritte vor Schäden schützen, die aus der Gefahrenquelle (KfZ) resultieren. Die Gefahrenquelle selbst ist nur deliktsrechtlich geschützt. Gleiches gilt, wenn der Eigentümer nicht der Halter ist. Schädigt z.B. der Leasingnehmer als Halter das KfZ des Leasinggebers, haftet er nicht gem. § 7 I StVG.

räumlich-zeitlicher Zusammenhang mit Betrieb

Die Schädigung muss in unmittelbarem räumlichen und zeitlichen Zusammenhang mit einem Betriebsvorgang stehen. Der Begriff „bei Betrieb“ ist dabei weit zu verstehen. 427

Das am Unfall beteiligte Kfz muss sich dafür nicht bewegt haben. Auch ein vorübergehender Stopp gehört zum Betriebsvorgang. Nur wenn ein Kfz vorschriftsmäßig (!) abgestellt wird, wird es „außer Betrieb“ genommen.

Auch ein direkter Zusammenstoß mit dem Kfz ist nicht erforderlich. Es genügt, wenn die Schädigung durch eine Reaktion Dritter (bspw. Ausweichen eines anderen Fahrers) hervorgerufen wird.

Merke: Dazu Hemmer/Wüst, Die 45 wichtigsten Fälle zum Deliktsrecht, Fall 42.

3. Keine höhere Gewalt

Die Haftung gem. § 7 I StVG ist ausgeschlossen, wenn der Unfall durch höhere Gewalt verursacht wurde, Abs.2. 428

betriebsfremdes Ereignis

Höhere Gewalt ist gegeben bei einem *betriebsfremden*, von außen eingreifenden Ereignis (Naturkräfte oder dritte Personen), das nach menschlicher Einsicht *unvorhersehbar* und auch bei Anwendung äußerster Sorgfalt und wirtschaftlich zumutbarer Mittel *nicht vermeidbar* ist und auch *nicht* wegen seiner Häufigkeit *in Kauf zu nehmen* ist.

hemmer-Methode: Kurz: Von außen kommendes Ereignis, keine typische Verkehrsgefahr, unvorhersehbar und unvermeidbar.

Nicht höhere Gewalt sind insb. Fußgänger, die plötzlich auf die Straße laufen, da es sich um eine typische Verkehrssituation handelt.

Merke: Weitere Beispiele finden Sie in Hemmer/Wüst, Die 45 wichtigsten Fälle zum Deliktsrecht, Fall 42.

4. Weitere Ausschlusstatbestände

Benutzung ohne Wissen und Wollen des Halters

Benutzt ein Dritter das Kfz ohne Wissen und Wollen des Halters, so trifft nur den Dritten die verschuldensunabhängige Haftung des § 7 I StVG (§ 7 III S. 1 Hs. 1 StVG). 429

Der Halter haftet aber weiterhin, wenn die Benutzung des Fahrzeugs durch sein Verschulden ermöglicht wurde, § 7 III S. 1 Hs. 2 StVG.

Weitere Ausschlusstatbestände finden sich in §§ 8, 8a und 15 StVG (lesen!). 430

5. Schaden

Durch die Personenverletzung oder die Sachbeschädigung muss ein Schaden entstanden sein.

Die Ersatzfähigkeit von Schäden richtet sich grds. nach den §§ 249 ff. BGB. §§ 9 ff. StVG enthalten jedoch einige Sonderregelungen. 431

§§ 10-13 StVG betreffen v.a. die §§ 842 ff. BGB. 432

Immaterielle Schäden bei Körperverletzungen sind nicht über § 253 II BGB sondern bereits über § 253 I BGB i.V.m. § 11 S. 2 StVG zu ersetzen. 433

Mitverschulden, § 9 StVG i.V.m. § 254 BGB

Ein Mitverschulden des Verletzten wird über § 9 StVG i.V.m. § 254 BGB berücksichtigt. 434

Dabei wird gem. § 9 StVG bei einer Sachbeschädigung das Verschulden des Inhabers der tatsächlichen Gewalt dem verletzten Eigentümer zugerechnet. Diese Zurechnung geht über § 254 II S. 2 i.V.m. § 278 BGB hinaus.

Achtung: § 9 StVG betrifft nur das Mitverschulden eines Verletzten, der selbst nicht als Halter oder Fahrer nach StVG oder nach § 833 BGB (Tierhalter) oder § 1 HaftPflG (Bahnbetriebsunternehmer) haftet (vgl. §§ 17 IV und 18 III StVG).

§ 17 II StVG für Miterschulden der Halter untereinander

Geht es um Schäden der aus Gefährdung Haftenden, ist (ggf. über Verweisungen) § 17 II StVG einschlägig. § 17 II StVG verweist auf § 17 I StVG, für den es maßgeblich darauf ankommt, welcher Beteiligte welchen Verursachungsbeitrag geleistet hat. Dafür müssen Eigenschaften und Zustand des Kfz (etc.) sowie auch Verschuldensbeiträge berücksichtigt werden. 435

unabwendbares Ereignis

Gem. § 17 III StVG (lesen!) ist für denjenigen kein Verursachungsbeitrag gegeben, für den ein unabwendbares Ereignis vorlag. Ein unabwendbares Ereignis ist ein von außen kommendes Ereignis, das den Unfall auch bei *höchstmöglicher* (nicht nur verkehrsüblicher) Sorgfalt unvermeidbar macht. Es wird auf den sog. „Idealfahrer" abgestellt. 436

Merke: Einzelheiten in Hemmer/Wüst, Die 45 wichtigsten Fälle zum Deliktsrecht, Fälle 44 und 45.

hemmer-Methode: § 17 I StVG *direkt* dürfen Sie für die Schadensteilung unter Haltern etc. nicht heranziehen. Er ist keine dem § 254 BGB vergleichbare Regelung, sondern regelt speziell zu § 426 I BGB („etwas anderes bestimmt") den Innenausgleich zwischen zwei Haltern (etc.) die einem Dritten gegenüber, bspw. einem Fußgänger, Schadensersatz leisten müssen.

II. Fahrerhaftung, § 18 I StVG

vermutetes Verschulden

In den Fällen des § 7 I StVG haftet neben dem Halter auch der Fahrer des Kfz (bzw. Anhängers). Allerdings handelt es sich nicht um eine verschuldensunabhängige Gefährdungshaftung, sondern um eine *Haftung aus vermutetem Verschulden*. 437

Voraussetzungen des § 18 I StVG: 438

- ⇨ Voraussetzungen des § 7 I StVG (s.o.)
- ⇨ Fahrzeugführer als Anspruchsgegner
- ⇨ Keine Widerlegung der Verschuldensvermutung

Wegen der Voraussetzungen des § 7 I StVG kann nach oben verwiesen werden.

Fahrzeugführer ist, wer das Kfz im Zeitpunkt des Unfalles betreibt. Dies kann der Halter selbst oder ein Dritter, bspw. Mieter oder Entleiher, sein. 439

Die §§ 8-17 StVG sind über die Verweisungen in § 18 I-III StVG auch hier anwendbar.

J. Haftung des Herstellers

Für die Haftung für fehlerhafte Produkte beinhaltet das Produkthaftungsgesetz (ProdHaftG) besondere Regelungen. Daneben ist aber auch allgemeines Deliktsrecht anwendbar. Für dieses hat die Rspr. Besonderheiten entwickelt. *440*

hemmer-Methode: Die Haftung des Herstellers gegenüber einem durch ein Produkt Verletzten ist nach *allgemeinen* Regeln meist schwer zu begründen. Neben §§ 823 ff. BGB kommen eine Haftung aufgrund von Werbeaussagen, aufgrund Vertrages mit Schutzwirkung für Dritte oder auch eine Drittschadensliquidation in Betracht. Diese Konstrukte werden aber selten Erfolg haben (Dazu Hemmer/Wüst, Die 45 wichtigsten Fälle zum Deliktsrecht, Fall 30).

I. Haftung nach dem ProdHaftG (Produkthaftung)

Gefährdungshaftung

Das ProdHaftG begründet eine verschuldensunabhängige Gefährdungshaftung des Herstellers für seine Produkte.

Voraussetzungen des § 1 ProdHaftG: *441*

- ⇨ Hersteller als Anspruchsgegner (§ 4 ProdHaftG)
- ⇨ Tötung/Verletzung einer Person oder Sachbeschädigung
- ⇨ Durch ein fehlerhaftes Produkt (§§ 2, 3 ProdHaftG)
- ⇨ Kein Haftungsausschluss (§ 1 II, III ProdHaftG)

1. Hersteller

Hersteller

Anspruchsgegner ist der Hersteller des Produkts. Der Herstellerbegriff ist in § 4 ProdHaftG (lesen!) definiert. *442*

Erfasst sind der tatsächliche Hersteller, derjenige, der sich als Hersteller ausgibt („Quasihersteller") sowie der Importeur, falls sich ein Hersteller nicht feststellen lässt.

2. Rechtsgutsverletzung

Tötung/Verletzung, Sachbeschädigung

Es muss eine Tötung/Verletzung eines Menschen oder eine Sachbeschädigung vorliegen. *443*

andere Sache

Für eine Sachbeschädigung gilt als Besonderheit, dass eine *andere Sache*, als das fehlerhafte Produkt beschädigt werden muss, § 1 I S. 2 ProdHaftG. *444*

Dies wirft Probleme bei weiterfressenden Mängeln auf (dazu schon oben, Rn. 304).

Nach einer Ansicht soll bei fehlender Stoffgleichheit eine „andere Sache“ vorliegen. Die Haftung nach dem ProdHaftG erfasst dann Schäden am zunächst mangelfreien Restprodukt.

Nach anderer Ansicht wird durch den klaren Wortlaut des § 1 I S. 2 ProdHaftG eine Aufspaltung des Gesamtproduktes und somit eine Haftung für Weiterfresserschäden ausgeschlossen.

privater Gebrauch

Die beschädigte Sache muss weiterhin für den privaten Gebzw. Verbrauch bestimmt gewesen und auch so verwendet worden sein, § 1 I S. 2 ProdHaftG. 445

3. Durch ein fehlerhaftes Produkt

bewegliche Sachen

Der Begriff des Produktes ist in § 2 ProdHaftG legaldefiniert. Produkte sind demnach alle beweglichen Sachen, *auch wenn* sie Bestandteil einer unbeweglichen Sache sind. 446

zu erwartende Sicherheit

Fehlerhaft, § 3 ProdHaftG, ist das Produkt, wenn es nicht die zu erwartende Sicherheit bietet (Einzelheiten in § 3 ProdHaftG). Zu berücksichtigen sind u.a. der zu erwartende (Fehl-)Gebrauch, der durchschnittliche Benutzerkreis und das Preis-Leistungs-Verhältnis. 447

Konstruktions-, Fabrikations-, Instruktionsfehler

Produktfehler können sich aus der mangelhaften „Konstruktion“ oder „Fabrikation“ eines Produktes ergeben oder auch aus der unzureichenden „Instruktion“ bzgl. des sicheren Gebrauchs eines Produktes.

Merke: Dazu auch Rn. 457 ff. Ein Verstoß gegen eine Produktbeobachtungspflicht wird vom ProdHaftG aber nicht erfasst. Der Fehler muss beim Inverkehrbringen vorliegen (vgl. § 3 I c ProdHaftG).

Die Rechtsgutsverletzung muss *durch den Fehler* entstanden sein. Dafür ist die Kausalität nachzuweisen. Auch Fragen des Schutzzweckes der Norm gehören hierher. 448

4. Kein Haftungsausschluss

Die Haftung nach § 1 ProdHaftG ist nach § 1 II, III ProdHaftG ausgeschlossen (lesen!). Die Vorschriften erschließen sich weitestgehend aus dem Wortlaut. 449

5. Schaden

Aus der Rechtsgutsverletzung muss ein Schaden entstanden sein.

Sonderregeln im ProdHaftG

Zur Ersatzfähigkeit von Schäden treffen die §§ 6 ff. ProdHaftG Sonderregelungen zu den allgemeinen Regelungen des BGB. Dies betrifft insb. §§ 842 ff. BGB. Immaterielle Schäden werden bei einer Körperverletzung über § 253 I BGB i.V.m. § 8 S. 2 ProdHaftG ersetzt. 450

Das Mitverschulden ist in § 6 I ProdHaftG geregelt, wobei – wie in § 9 StVG – eine besondere Zurechung des Mitverschuldens des Inhabers der tatsächlichen Gewalt über eine Sache stattfindet.

Begrenzungen

Zuletzt ist zu beachten, dass der Schadensersatz der Höhe nach begrenzt ist (§ 10 ProdHaftG) und bei der Sachbeschädigung auch ein Selbstbehalt besteht (§ 11 ProdHaftG). Deswegen ist es oft auch praktisch wichtig, eine Haftung über das allgemeine Deliktsrecht zu begründen. 451

Merke: Zur Produzentenhaftung nach ProdHaftG: Hemmer/Wüst, Die 45 wichtigsten Fälle zum Deliktsrecht, Fälle 30 ff.

II. Produkthaftung nach allgemeinem Deliktsrecht, § 823 I BGB (Produzentenhaftung)

Anwendbarkeit, § 15 ProdHaftG

Neben dem ProdHaftG bleibt das allgemeine Deliktsrecht anwendbar (§ 15 II ProdHaftG). Diese Haftung nent man „Produzentenhaftung". Relevante Anspruchsgrundlage ist insb. § 823 I BGB. Für diesen hat die Rspr. einige Besonderheiten entwickelt, die einem durch ein Produkt Geschädigten die Durchsetzung seiner Ansprüche erleichtern soll. 452

Der Aufbau richtet sich grds. nach dem oben zu § 823 I BGB Gesagten.

Voraussetzungen der allgemeinen Produzentenhaftung:

⇨ Anwendbarkeit des § 823 I BGB (§ 15 II ProdHaftG)

⇨ Rechts(guts)verletzung

⇨ Handlung durch positives Tun/Unterlassen

⇨ Haftungsbegründende Kausalität

⇨ Rechtswidrigkeit (hier insb. Verkehrspflichtverstoß, Vermutung und Entlastung bei Ausreißern)

⇨ Verschulden (Subjektive Vorwerfbarkeit, ebenfalls Beweislastumkehr)

⇨ Schaden und haftungsausfüllende Kausalität

1. Rechts(guts)verletzung

Die Rechts(guts)verletzung stellt sich i.R.d. Produkthaftung in aller Regel als Personen- oder Eigentumsverletzungen dar. 453

Bei Eigentumsverletzungen kann das Problem des „Weiterfresserschadens“ eingebaut werden. Dazu oben Rn. 304 und Hemmer/Wüst, Die 45 wichtigsten Fälle zum Deliktsrecht, Fall 16.

2. Handlung

grds. Inverkehrbringen als aktives Tun

Die Verletzungshandlung liegt regelmäßig in einem aktiven Tun, nämlich dem Herstellen und Inverkehrbringen des schädlichen Produktes. 454

Wird aber auf die Nichteinhaltung einer Produktbeobachtungspflicht abgestellt (dazu gleich mehr), so liegt der Schwerpunkt der Vorwerfbarkeit in einem Unterlassen.

3. Rechtswidrigkeit

Erfolgs-/Handlungsunrecht

Das nächste Problem ergibt sich in der Rechtswidrigkeit. Wie oben (Rn. 325) dargelegt, besteht ein Streit zwischen der Lehre vom Erfolgsunrecht und der vom Handlungsunrecht. 455

Folgt man der (herrschenden) Lehre vom Erfolgsunrecht, wird grundsätzlich die Rechtswidrigkeit indiziert. Dies ist aber anders in Fällen der mittelbaren Verletzung. Müsste aber hier der Geschädigte den Nachweis der Rechtswrigkeit prüfen, stünde er oft vor unlösbaren Problemen. Die Rechtswidrigkeit setzt einen Verstoß gegen eine Verhaltenspflicht voraus. In Betracht kommen die Verkehrssicherungspflichten des Herstellers:

Konstruktionspflichten

***Konstruktionspflichten** beziehen sich auf die Planung des Produkts. Ein Produkt muss grds. – nach dem Stand der Wissenschaft – so gestaltet werden, dass dem durchschnittlichen Benutzer eine weitestgehend gefahrlose Benutzung möglich ist.*

Fabrikationspflichten

***Fabrikationspflichten** beziehen sich auf den Fertigungsprozess. Dieser muss so gestaltet werden, dass ein sorgfältig konstruiertes Produkt auch nach diesen Maßgaben gefertigt wird.*

Instruktionspflichten

***Instruktionspflichten** beinhalten, dass auf noch verbleibende Gefahren bei der Benutzung hinzuweisen ist.*

Müsste nun der Geschädigte den Nachweis führen, dass eine dieser Pflichten verletzt wurde, würde der Anspruch in der Regel scheitern, weil er keinen Einblick in die Betriebsabläufe beim Hersteller hat. Daher arbeitet der BGH an dieser Stelle mit einer Beweislastumkehr, so dass die Rechtswidrigkeit, d.h. hier also ein Verstoß gegen eine Verkehrssicherungspflicht, vermutet wird.

Merke: Mit dem Inverkehrbringen endet die Verantwortlichkeit des Herstellers nicht. Es besteht auch eine sog. Produktbeobachtungspflicht, d.h. bei Problemen, die sich erst bei der Nutzung der Sache zeigen, muss der Hersteller reagieren, um Schadenseintritte zu vermeiden (Rückrufaktionen). Hier ist die Beweislast allerdings nicht umgedreht, weil es hier nicht um interne Betriebsabläufe geht. Probleme bei der Nutzung sind dem Verletzten genauso ersichtlich, wie dem Hersteller selbst.
Siehe zur Produktbeobachtungspflicht und zum einschlägigen Prüfungsaufbau Hemmer/Wüst, Die 45 wichtigsten Fälle zum Deliktsrecht, Fall 32.

Der Hersteller muss sich also vom Vorwurf der Verletzung einer Verkehrssicherungspflicht befreien.

Beweislastumkehr

Der Geschädigte muss lediglich beweisen, dass das Produkt im Zeitpunkt des Inverkehrbringens einen Konstruktions-, Fabrikations- oder Instruktionsfehler hatte. Dem Hersteller obliegt es dann, darzulegen, dass er nicht gegen die entsprechende Sorgfaltspflicht verstoßen hat.

Bei Konstruktions- und Instruktionsfehlern muss der Hersteller darlegen, dass er keine Erkenntnis- bzw. Vermeidemöglichkeit bzgl. der relevanten Gefahr hatte.

Ausreißer

Bei Fabrikationsfehlern gelingt der Entlastungsbeweis nur, wenn der Hersteller darlegen kann, dass er den Prozess so organisiert hat, dass nur einzelne, unvermeidbare Fehler auftreten („Ausreißer“).8

8 Beim ProdHaftG wird demgegenüber auch für Ausreißer gehaftet.

Merke: Zu den Herstellerpflichten: Hemmer/Wüst, Die 45 wichtigsten Fälle zum Deliktsrecht, Fälle 30 und 31.

4. Verschulden

Der Hersteller muss das schädliche Produkt schuldhaft, d.h. vorsätzlich oder fahrlässig in den Verkehr gebracht haben. In der Regel kommt nur Fahrlässigkeit in Betracht. 456

Im Rahmen der Fahrlässigkeit wird geprüft, ob die im Verkehr erforderliche Sorgfalt verletzt wurde (§ 276 II BGB).

Sorgfaltsmaßstab: VSP

Sorgfaltsmaßstab sind die Verkehrssicherungspflichten, die ein Hersteller einzuhalten hat (s.o.). Hier geht es um die Frage, ob auch einem Organ der entsprechende Vorwurf gemacht werden kann.

Der Hersteller hat seinen Betrieb so einzurichten, dass Konstruktions-, Fabrikations- und Instruktionsfehler weitestgehend ausgeschaltet werden. 457

Problem: Beweisschwierigkeiten

Dass eine dieser Pflichten *schuldhaft* verletzt wurde, kann der Geschädigte, der in den Produktionsprozess i.d.R. keinen Einblick hat, nur schwer beweisen. 458

Deshalb hat die Rspr. hier ebenfalls eine Beweislastumkehr entwickelt. 459

III. Produkthaftung nach allgemeinem Deliktsrecht, § 831 BGB

auch § 831 BGB

Neben § 823 I BGB kann auch eine Haftung wegen (vermutetem) Überwachungsverschuldens gem. § 831 BGB in Betracht kommen. 460

kein dezentralisierter Entlastungsbeweis

Einzige Besonderheit zu dem bereits oben Gesagten ist, dass der sog. dezentralisierte Entlastungsbeweis nicht gilt.

Der Hersteller muss sich für jeden an der Produktion beteiligten Mitarbeiter entlasten. Können diese nicht einzeln benannt werden, so muss er sich für alle Mitarbeiter entlasten.

K. Haftung bei Amtspflichtverletzung

Bei der Haftung für Amtspflichtverletzungen geht es um Ansprüche gegen den Staat oder diejenigen, die für ihn handeln. 461

Das Staatshaftungsrecht hat bislang keine Regelung in einem besonderen Gesetz erfahren. Maßgeblich sind daher die §§ 823 ff. BGB, insb. § 839 BGB, sowie Art. 34 GG.

Zu den Anspruchsgrundlagen gilt grundsätzlich folgendes:

gegen den Handelnden

Für Ansprüche gegen den unmittelbar Handelnden ist zwischen dessen Funktion zu unterscheiden. 462

⇨ Beamte „im staatsrechtlichen Sinne" (mehr dazu gleich) haften in Ausübung ihres Amtes immer nach § 839 BGB. Diese Haftung ist regelmäßig nach § 839 I S. 2 BGB ausgeschlossen, da gegen den Staat vorgegangen werden kann.

⇨ Beamte „im haftungsrechtlichen Sinne" haften immer nach §§ 823 ff. BGB und nicht nach § 839 BGB.

gegen den Staat

Für Ansprüche gegen den Staat ist nach der Art des Handelns zu unterscheiden.

⇨ Bei hoheitlichem Handeln ist Art. 34 S. 1 GG i.V.m. § 839 BGB einschlägig.

⇨ Bei fiskalischem Handeln kommt eine Haftung nur nach §§ 823 ff. BGB in Betracht.

Am meisten Relevanz besitzen die Ansprüche gegenüber dem Staat.

I. Anspruch aus Art. 34 S. 1 GG i.V.m. § 839 BGB

gegen den Beamten

§ 839 BGB gewährt einen Anspruch gegen einen Beamten, wenn dieser durch *Verletzung einer Amtspflicht* einen Schaden verursacht.

Voraussetzungen des Art. 34 S. 1 GG i.V.m. § 839 BGB: 463

⇨ Handeln eines Amtsträgers

⇨ Verletzung einer drittbezogenen Amtspflicht

⇨ Rechtswidrigkeit, Verschulden, Schaden, Kausalität

⇨ Haftungsausschluss

1. Handeln eines Amtsträgers

a) Amtsträgerbegriff

staatsrechtlicher Beamtenbegriff

§ 839 BGB geht vom sog. „staatsrechtlichen Beamtenbegriff" aus. Danach ist Beamter, wer in einem öffentlich-rechtlichen Treueverhältnis steht („Beamter i.S.d. Beamtengesetze"). 464

Beamter im haftungsrechtlichen Sinne

Geht es aber um die von § 34 S. 1 GG *übergeleitete* Haftung des *Staates* wird der Beamtenbegriff weiter verstanden („Beamter im haftungsrechtlichen Sinne"). Erfasst sind dann alle Personen, denen die Ausführung eines öffentlichen Amtes anvertraut wurde.

Also auch Angestellte, Arbeiter, Verwaltungshelfer und Beliehene und ggf. private Unternehmer.

hemmer-Methode: Selbst haften diese „Beamten im nurhaftungsrechtlichen Sinne" aber immer nach §§ 823 ff. BGB nicht § 839!

b) In Ausübung eines öffentlichen Amtes, Art. 34 S. 1 GG

Der Beamte muss in Ausübung eines öffentlichen Amtes handeln. 465

hoheitliche Zielsetzung

Eine Tätigkeit ist öffentlich-rechtlich, wenn die Zielsetzung des Handelns dem hoheitlichen Bereich zuzuordnen ist.

Anhaltspunkt kann insb. die Wahl des Handlungsmittels sein (Vertrag oder Verwaltungsakt).

Bei schlichthoheitlichem Handeln kommt es nach der Rspr. auf die Handlungsform, nach der Lit. auf den Inhalt der Tätigkeit an.

„Werkzeugtheorie"

Schaltet der Staat durch privatrechtlichen Vertrag private Unternehmer ein, so liegt ein hoheitliches Handeln nur vor, wenn der Staat besonders ausgeprägten Einfluss auf und Kontrolle über die Ausführung der Tätigkeit hat („Werkzeugtheorie"). Dies ist v.a. bei der Eingriffsverwaltung der Fall. 466

innerer Zusammenhang

Die schädigende Handlung muss gerade in Ausübung dieser Tätigkeit vorgenommen worden sein („innerer und äußerer Zusammenhang") und nicht nur bei Gelegenheit. Dieses Merkmal wird vergleichbar dem in § 831 BGB behandelt. 467

2. Verletzung einer drittbezogenen Amtspflicht

a) Amtspflicht

gegenüber Dienstherrn

Der Beamte muss zunächst eine *seinem Dienstherrn gegenüber* bestehende Amtspflicht verletzt haben. 468

Besondere Amtspflichten können sich aus dem Gesetz, Dienst- oder Verwaltungsvorschriften ergeben.

insb. Pflicht zu rechtmäßigem Handeln

Allgemein gilt, dass der Beamte nichts tun darf, was einen anderen rechtswidrig schädigt. 469

> *Insb. Pflicht zum rechtmäßigen Handeln, zur fehlerfreien Ermessensausübung, zur raschen Sachentscheidung, zur richtigen Auskunftserteilung etc.*

b) Drittbezogenheit

Drittschutz

Die Amtspflicht gegenüber dem Dienstherrn muss eine Drittschützende Wirkung entfalten. Dies ist, vergleichbar dem Schutzgesetz in § 823 II BGB, der Fall, wenn die Pflicht nicht nur den Dienstherrn oder die Allgemeinheit, sondern einen konkreten Dritten oder einen abgrenzbaren Kreis Dritter schützen soll. Dies ist letztlich Auslegungsfrage. 470

Ist ein genereller Drittschutz festgestellt, muss festgestellt werden, ob auch der Anspruchsteller zum geschützten Personenkreis zählt.

3. Rechtswidrigkeit, Verschulden, Schaden, Kausalität

Zu Rechtswidrigkeit, Verschulden, Schaden und Kausalität gilt das zu § 823 BGB Gesagte (Rn. 325 ff.). 471

4. Haftungsausschluss

a) Subsidiarität, § 839 I S. 2 BGB

eingeschränkte Subsidiarität

Die Subsidiaritätsklausel ist eigtl. auf die Haftung des Handelnden zugeschnitten. Ihre Anwendbarkeit auf Art. 34 S. 1 GG i.V.m. § 839 BGB wird aber nicht grundsätzlich abgelehnt. 472

§ 839 I S. 2 BGB gilt jedoch nur, wenn die anderweitige Entschädigung gerade den Zweck hat, den Staat endgültig zu entlasten. Dies ist nicht der Fall bei

⇨ vom Geschädigten selbst „erkauften“ Leistungen einer privaten Versicherung;

⇨ Ansprüchen gegenüber anderen Verwaltungsträgern („Einheit der öffentlichen Hand“);

⇨ Unfällen im Straßenverkehr.

b) Spruchrichterprivileg, § 839 II S. 1 BGB

Spruchrichterprivileg

Das sog. „Spruchrichterprivileg“ gem. § 839 II S. 1 BGB schützt nicht den Handelnden, sondern soll die Wiederaufnahme rechtskräftig abgeschlossener Rechtsstreite verhindern. Daher gilt er auch beim Anspruch gegen den Staat. 473

c) Rechtsmittelversäumnis, § 839 III BGB

schuldhafte Rechtsmittelversäumnis

Der Anspruch ist ebenfalls ausgeschlossen, wenn es der Anspruchsteller *schuldhaft* unterlässt, den Schaden durch ein Rechtsmittel abzuwenden. 474

hemmer-Methode: Streitigkeiten nach Art. 34 GG gehören gem. Art. 34 S. 3 GG vor die ordentlichen Gerichte. Sachlich zuständig ist das Landgericht (§ 1 ZPO i.V.m. § 71 II Nr. 2 GVG. Durchaus Stoff für eine Zivilrechtsklausur! Die Verjährung richtet sich nach §§ 195, 199 BGB.

II. Ansprüche bei fiskalischem Handeln, §§ 823 ff. BGB

Bei fiskalischem Handeln greift Art. 34 S. 1 GG i.V.m. § 839 BGB nicht ein. Es gelten vielmehr die allgemeinen zivilrechtlichen Regeln. 475

Dabei ergibt sich eine Haftung des Staates entweder aus §§ 823 ff., 31 BGB oder aus § 831 BGB. Welcher Typ Anspruchsgrundlage einschlägig ist, richtet sich maßgeblich nach der Stellung des Handelnden.

Hat er eine eigenverantwortliche Stellung als Organ bzw. verfassungsmäßig berufener Vertreter, so ist § 31 BGB einschlägig. Ist der Handelnde maßgeblich weisungsabhängig, so kommt nur eine Haftung nach § 831 BGB in Betracht. Die Abgrenzungskriterien sind oben besprochen worden.

L. Unterlassungs- und Beseitigungsansprüche

§§ 823 ff. BGB gewähren grds. nur Ansprüche auf Schadensersatz.

Zum erweiterten Schutz vor Eingriffen in die von §§ 823 ff. BGB geschützten Rechtspositionen gibt es Unterlassungs- und Beseitigungsansprüche. Diese sind zum Teil gesetzlich festgeschrieben und im Übrigen am Vorbild der gesetzlichen Ansprüche von der Rspr. entwickelt worden. 476

I. Unterlassungsanspruch

1. Allgemeines

§§ 823 ff. BGB gewähren nur rückwirkenden Schutz vor Verletzungen der geschützten Rechtspositionen.

lückenhafter vorbeugender Rechtsschutz

Zur effektiven Rechtsverteidigung sieht das Gesetz für manche Rechtspositionen, bspw. den Namen (§ 12 S. 2 BGB) oder das Eigentum (§ 1004 I S. 2 BGB), Unterlassungsansprüche vor. 477

Diese Unterlassungsansprüche ermöglichen es dem Betroffenen, *zukünftig drohende* Beeinträchtigungen abzuwehren.

Wo es an einer ausdrücklichen Regelung fehlt, hat die Rspr. Unterlassungsansprüche zum Schutz der in §§ 823 ff. BGB geschützten Rechtspositionen entwickelt. 478

Analogie

Als Rechtsgrundlage dient entweder eine Analogie zu §§ 1004 I S. 2, 862 I S. 2, 12 I S. 2 BGB oder einfach die inzwischen gewohnheitsrechtliche Anerkennung.

2. Voraussetzungen

Unabhängig davon, ob gesetzlich festgeschrieben oder nicht, haben die Unterlassungsansprüche folgende grundlegende Voraussetzungen. 479

- ⇨ **Betroffenheit absoluter Rechte oder Rechtsgüter**: Dies sind insb. die in § 823 I genannten Rechtspositionen.
- ⇨ **Erstbegehungs-/Wiederholungsgefahr**: Eine Verletzung der genannten Rechtsposition muss *ernsthaft drohen.*

Die Wiederholungsgefahr ist ausdrücklich in § 1004 I S. 2 BGB etc. genannt. Anerkannt ist aber auch der Schutz gegen erstmalige Beeinträchtigungen. Eine Wiederholungsgefahr lässt sich aufgrund der bereits eingetretenen Verletzungen aber meist leichter begründen.

⇨ **Rechtswidrigkeit:** Nur drohende rechtswidrige Eingriffe begründen einen Unterlassungsanspruch (vgl. § 1004 II BGB). Auf die Voraussetzung des Verschuldens wird im Gegensatz zum Schadensersatzanspruch verzichtet. Die bloße Anordnung der Unterlassung ist aber auch eine nicht so weit reichende Rechtsfolge.

⇨ **Störer:**
Begriff ist gesetzlich nicht geregelt, zu unterscheiden sind Handlungs- und Zustandsstörer. Handlungsstörer ist, wer die Beeinträchtigung durch seine Handlung oder pflichtwidriges Unterlassen adäquat verursacht hat. Zustandsstörer ist der Eigentümer, Besitzer einer Sache, wenn die Beeinträchtigung zumindest mittelbar auf seinen Willen zurückgeht. Die Rechtsstellung als Eigentümer oder Besitzer allein genügt nicht.

Sanktion mit Ordnungsgeld

Die Zuwiderhandlung gegen eine gerichtlichen Unterlassungsanordnung wird mit einem Ordnungsgeld oder Ordnungshaft sanktioniert (§ 890 ZPO). 480

II. Beseitigungsanspruch

Neben den Unterlassungsansprüchen gibt es auch sog. Beseitigungsansprüche. Wie die Unterlassungsansprüche finden sich diese zum Teil im Gesetz; der andere Teil ist von der Rspr. entwickelt worden. 481

Gesetzliche Ansprüche sind vergleichbar dem Unterlassungsanspruch die §§ 1004 I S. 1, 862 I S. 1, 12 I S. 1 BGB.

Voraussetzung des allgemeinen Beseitigungsanspruches ist der rechtswidrige aber nicht schuldhafte Eingriff in eine von den §§ 823 ff. BGB geschützte Rechtsposition (objektiver Tatbestand). Die Voraussetzungen decken sich weitgehend mit denen des Unterlassungsanspruchs. Abweichend ist für den Beseitigungsanspruch eine fortdauernde Beeinträchtigung erforderlich. 482

RF: Nur Rückgängigmachung der Verletzung

Als Rechtsfolge kann die Beseitigung der Beeinträchtigung für die Zukunft verlangt werden. 483

kein Ausgleich weiterer Schäden

Damit bleibt der Beseitigungsanspruch hinter dem Schadensersatzanspruch zurück. Denn dieser verlangt die Herstellung des Zustandes, der „jetzt" ohne das schädigende Ereignis bestehen würde (Rn. 345). Die Abgrenzung kann im Einzelfall schwierig sein.

Fällt ein Baukran auf ein Nachbargrundstück und beschädigt dort ein Hausdach, so kann nur die Entfernung des Kranes verlangt werden. Die Kosten für die Reparatur des beschädigten Daches werden aber nur über § 823 I BGB ersetzt (Verschulden!).

Macht ein Warentestmagazin unwahre, geschäftsschädigende Äußerungen über die Qualität eines Produkts des Herstellers H (i.S.d. § 824 BGB), so kann i.R.d. Beseitigungsanspruches der Widerruf der Äußerung, nicht aber der durch die Äußerung entgangene Gewinn verlangt werden. Für letzteres muss der volle Tatbestand des § 824 BGB gegeben sein.

hemmer-Methode: Weitere Einschränkung bei Kreditschädigungen/Ehrkränkungen: Nur der Widerruf von *Tatsachen* kann verlangt werden, nicht der von Werturteilen. Begründet wird dies mit Art. 5 I GG.

Die Zahlen verweisen auf die Randnummern des Skripts